O SIGNIFICADO PSICOLÓGICO DOS MOTIVOS DE REDENÇÃO NOS CONTOS DE FADAS

Biblioteca Cultrix
de Psicologia Junguiana

Marie-Louise von Franz

O SIGNIFICADO PSICOLÓGICO DOS MOTIVOS DE REDENÇÃO NOS CONTOS DE FADAS

Um Estudo Arquetípico sobre Conflitos e Problemas de Relacionamentos

Tradução
Álvaro Cabral

Editora
Cultrix
SÃO PAULO

Título do original: *The Psychological Meaning of Redemption Motifs in Fairtales.*

2ª edição 2022.

Editor: Adilson Silva Ramachandra
Gerente editorial: Roseli de S. Ferraz
Gerente de produção editorial: Indiara Faria Kayo
Editoração eletrônica: Join Bureau
Revisão: Vivian Miwa Matsushita

Dados Internacionais de Catalogação na Publicação (CIP)
(Câmara Brasileira do Livro, SP, Brasil)

Franz, Marie-Louise von, 1915-1998
Significado psicológico dos motivos de redenção nos contos de fadas: um estudo arquetípico sobre conflitos e problemas de relacionamentos / Marie-Louise von Franz; tradução Álvaro Cabral. – 2. ed. – São Paulo: Editora Cultrix, 2021. – (Biblioteca Cultrix de psicologia junguiana)

Título original: The psychological meaning of redemption motifs in fairytales
ISBN 978-65-5736-131-3

1. Contos de fadas – História e crítica 2. Psicanálise e contos de fadas 3. Redenção I. Título. II. Série.

21-86798 CDD-150.1954

Índices para catálogo sistemático:

1. Contos de fadas: Psicologia analítica junguiana 150.1954
Cibele Maria Dias – Bibliotecária – CRB-8/9427

Direitos de tradução para a língua portuguesa adquiridos com exclusividade pela EDITORA PENSAMENTO-CULTRIX LTDA., que se reserva a propriedade literária desta tradução.
Rua Dr. Mário Vicente, 368 — 04270-000 — São Paulo, SP — Fone: (11) 2066-9000
http://www.editoracultrix.com.br
E-mail: atendimento@editoracultrix.com.br
Foi feito o depósito legal.

SUMÁRIO

O presente livro baseia-se na transcrição, feita por Una Thomas, da série de conferências apresentadas pela dra. Von Franz no Instituto C. G. Jung, de Zurique, no outono de 1956. A autora e o editor agradecem a *Miss* Thomas pela fiel preparação da versão original. O texto em sua forma atual foi editorado para publicação por Daryl Sharp e Marion Woodman.

CONFERÊNCIA 1

A palavra redenção não deveria ser associada ao dogma e à teologia cristã, em que ela é um conceito com inúmeras conotações. Nos contos de fadas, redenção refere-se especificamente a uma condição na qual alguém foi amaldiçoado ou enfeitiçado e é redimido por meio de certos acontecimentos ou eventos da história. É, portanto, uma condição muito diferente daquela que está implícita na ideia cristã.

O tipo de maldição pode variar. Numa lenda ou conto de fadas, um ser é geralmente condenado a assumir uma forma animal ou a ser um horrendo velho ou velha que, por meio do processo de redenção, converte-se num príncipe ou numa princesa. Podem ser certos tipos de animais de sangue frio ou quente, frequentemente o urso, o lobo ou o leão, ou aves – o pato, o corvo, a pomba ou a coruja –, ou talvez uma serpente. Em outros casos, alguém é amaldiçoado e forçado, por isso, a cometer maldades e a ser destrutivo, sem que deseje agir dessa maneira. Por exemplo, uma princesa tem de matar todos os seus admiradores, mas, no final, quando redimida, ela dirá que a maldição a forçou a tal comportamento, mas que agora tudo acabou. Esses são os principais tipos de má sina que ocorrem a uma pessoa num conto de fadas e dos quais ela é redimida.

Decidi não discorrer sobre um conto de fadas específico, mas examinar temas de várias histórias que mostram diferentes tipos de maldição, porquanto penso que têm um importante significado psicológico, a par de serem frequentemente o tema principal. Um ser humano em estado neurótico poderia muito bem ser comparado a uma pessoa enfeitiçada, visto que as pessoas colhidas por uma neurose são suscetíveis de comportar-se de maneira destoante e destrutiva em relação a si mesmas e aos outros. Elas são forçadas a adotar um nível excessivamente baixo de conduta e a agir de um modo inconsciente e impulsivo. Os contos de fadas que descrevem tais seres não lidam muito com o problema da maldição, mas, sim, com o método de redenção, e nisso há muito o que aprender e é importante para os procedimentos terapêuticos e o processo de cura.

Para dar um exemplo, existem seres enfeitiçados que precisam banhar-se em água ou leite e, por vezes, receber pancadas ao mesmo tempo. Outros pedem para ser degolados, como quando a cabeça da raposa ou do leão é cortada; outros ainda têm de ser amados ou beijados, ou devem comer flores, e assim por diante. Ou certa espécie de pele tem de ser jogada sobre a pessoa, ou a pele de um animal precisa ser vestida, ou certas perguntas têm de ser feitas ou não. Esses são os tipos de motivos que devemos examinar.

Ocorre frequentemente, em terapia, que os médicos esperem encontrar receitas e fórmulas, mas, em contraste com outras escolas de psicologia, os junguianos dizem sempre que lamentam muito, mas não existe receita para tipos de doenças. Cada caso é um processo único cercando um indivíduo único, e o método individual é sempre diferente. Em tais condições, podemos dizer que não possuímos uma receita terapêutica. Por conseguinte, não podemos discuti-la de forma generalizada numa conferência; podemos tão somente aconselhar as pessoas que têm casos sob seu controle sobre como devem comportar-se com um paciente em particular. Nessa situação muito difícil, em que o médico ou o analista não dispõe de regras orientadoras para a cura do paciente, temos a interpretação de sonhos, e acreditamos que, se os sonhos do paciente forem interpretados de forma cuidadosa e objetiva, sem interpormos nossas próprias teorias, poderemos obter indicações sobre como proceder.

Assim, a única ajuda ou orientação teórica que temos é a capacidade para interpretar objetiva e precisamente os temas oníricos, de modo que possamos discernir como o inconsciente se propõe a efetuar a cura. Entramos aqui num campo que não é somente pessoal, visto que, embora o processo de cura seja sempre único, os contos de fadas e as lendas fornecem representações de processos instintivos da psique que possuem validade geral. Assim como, apesar das diferenças, todos os seres humanos caminham sobre duas pernas, têm apenas uma boca e dois olhos, também a psique humana, apesar das diferenças, possui certas características estruturais básicas que podem ser encontradas em toda parte. Nesse nível do inconsciente coletivo, encontramos representações de processos de cura típicos para doenças típicas. Se soubermos, de modo geral, o que significa um banho para uma pessoa enfeitiçada e o paciente sonhar que a análise é comparada a um banho, então teremos uma ideia intuitiva do tipo de cura que é proposto. Por outro lado, se houver um tema onírico de ter de cortar um ser em pedaços, teremos de novo uma ideia intuitiva quanto à direção dos processos de cura e obteremos algum conhecimento de como proceder no caso individual. Naturalmente, há sempre a questão sobre quem deve ser banhado, e quem será degolado, mas tal informação é usualmente dada pelo material onírico.

Portanto, cumpre-nos examinar meticulosamente o nosso material e comentar o problema geral que torna difícil a compreensão do material mitológico, especialmente os contos de fadas. Quando se lê um desses contos sem ideias preconcebidas e com sentimento, partimos sempre da ideia de que a pessoa no centro da história – a princesa, o príncipe, o rapaz ou a menina – é um ser humano com quem nos identificaremos (usualmente mulheres com mulheres e homens com homens) e de cujo sofrimento participaremos. Se lemos obras centradas em figuras míticas, por exemplo, *A Odisseia* ou *A Epopeia de Gilgamesh*, a identificação é facilitada pelo fato de o herói comportar-se como um ser humano: ele tem medo, está triste, está alegre etc. Diz ele: "O que farei?" etc., e assim ele se aproxima do reino humano e podemos nos identificar com ele. Os heróis das lendas estão mais vinculados a uma nação do que os dos contos de fadas.

Foi assinalado por cientistas, e suas razões são convincentes, que o herói ou a heroína dos contos de fadas é muito diferente daqueles das lendas. Nos contos de fadas eles são muito menos humanos, ou seja, não possuem a vida humana interior da psique. Não falam para si mesmos, não têm dúvidas, não vacilam nem têm reações humanas. Nesse caso, o herói é corajoso e nunca perde a coragem, mas continua lutando até derrotar o inimigo. A heroína continuará sendo torturada; suportará todo o seu sofrimento até que consiga atingir seu objetivo. Nunca somos informados acerca de quaisquer reações humanas que possam ter. Portanto, um dos cientistas, o dr. Max Lüthi, chega a dizer que os heróis folclóricos são formas do tipo preto no branco, são como clichês, com tendências muito características, tais como argúcia, capacidade de sofrimento, lealdade etc., e as figuras assim se mantêm até o fim da história. Nunca encontraremos algo como uma conversão psicológica num herói de conto de fadas, ao passo que uma mudança de atitude é frequentemente encontrada num mito. Apesar de terem características muito humanas, esses heróis de contos de fadas não são, pois, inteiramente humanos. Isso porque não são apenas tipos de seres humanos, mas arquétipos, não podendo, por conseguinte, ser diretamente comparados com o ego humano. Não podemos aceitar o herói como um homem, ou a heroína como uma mulher.

Quando as pessoas aspiram uma pitada de psicologia junguiana, elas podem ficar piores do que se não soubessem nada, pois escolhem um conto de fadas e alguns conceitos junguianos e os aplicam às figuras, por exemplo, ao ego, à *anima*, ao Si-mesmo. Isso é pior do que nenhuma interpretação, pois não é científico, não é objetivo, é infantil e até desonesto, uma vez que, para se poder aplicar um conceito junguiano a semelhante ser, é-se obrigado a distorcer a história. Por exemplo, suponha-se que somos ingenuamente induzidos em erro e atribuímos a qualidade da sombra a uma figura de conto de fadas, e depois descobrimos que isso não funciona ao longo da história toda. Quem assim procede dirá, então, que deve ter cometido um erro no começo, ou que não teve uma boa compreensão de si mesmo, ou que há um erro na história, vista como um todo! Ou então, por meio de um enunciado geral, passará por alto a parte embaraçosa e ficará patinando ao seu redor com várias ideias para fazer seus conceitos ajustarem-se. Se formos cuidadosos, veremos que esses conceitos da psicologia junguiana não podem ser usados sem restrição na interpretação dos contos de fadas. Quando eu mesma descobri isso, compreendi subitamente que assim deve ser porque um conto de fadas não é produzido pela psique do indivíduo e não constitui material individual.

O dr. Jung construiu seus conceitos, em parte, por meio da observação de seus próprios processos psíquicos e, em parte, observando os de outras pessoas. Quando falamos da *anima*, pensamos no homem como um indivíduo, na *anima* de certo ser, ou o ego é o ego de uma pessoa humana, e a sombra significa o aspecto inferior da pessoa. Mas esses termos não devem ser introduzidos fraudulentamente num conto a que não pertencem, e se foram concebidos no decurso da observação de muitos indivíduos é sumamente discutível se os conceitos podem ser aplicados a um material como os contos de fadas – material que, provavelmente, foi produzido por muitas pessoas ou por um grupo. Portanto, devemos retornar ao problema básico dos contos de fadas. Sua origem não foi geralmente aceita e podemos arriscar mais uma hipótese, qual seja, a do ponto de vista psicológico.

Entre as pessoas simples, por exemplo, camponeses e madeireiros, o círculo em que hoje em dia os contos de fadas, em sua maioria, se situam, existem dois tipos particulares: a saga local e o conto de fadas genuíno. A primeira não difere muito, com frequência, do conto de fadas, mas refere-se geralmente a uma história fantástica que aconteceu em determinado lugar ou num certo castelo. Afirma-se que pessoas na aldeia aí testemunharam algum evento, e assim por diante. A história é apurada e atribuída a um determinado local, o herói torna-se um ser humano definido, e o conto é narrado como se referisse a um evento concreto que realmente aconteceu, embora tenha todas as características de um conto de fadas. Nos contos de fadas, deparamo-nos repetidas vezes com fenômenos parapsicológicos, ao passo que elementos fantasmagóricos são mais frequentes em sagas locais. As lendas possuem usualmente uma base histórica ou parcialmente histórica. Santos ou personagens históricas podem figurar nelas.

Na Suíça, temos a história de Guilherme Tell e os historiadores discutem se é uma história verídica, um conto de fadas ou um motivo de saga, pois tal figura também ocorre em contos nórdicos; mas, seja como for, ela tem a pretensão de ser histórica. E afirma-se que os eventos teriam ocorrido num determinado tempo e lugar. Do ângulo psicológico, podemos tecer alguns comentários a esse respeito. Por vezes, acontece que, numa vida humana comum, ocorrem eventos tão fantásticos que, se fosse impossível comprová-los, poderíamos pensar que nos contaram um conto de fadas. Eu senti muitas vezes isso, e deparamo-nos aqui com o problema da sincronicidade. É espantoso ver com que frequência eventos semelhantes aos de um conto de fadas realmente acontecem, se uma situação arquetípica for constelada. Se tal motivo mitológico ocorre, é muito possível que possa ser retocado, desenvolvido e ter coisas acrescentadas que realmente não ocorreram. Um pequeno detalhe pode ser adicionado, tornando-o muito mais interessante, e temos de aceitar que isso acontece frequentemente, e que todo um evento mitológico torna-se desse modo cristalizado.

Eu diria, portanto, que a saga local e a lenda histórica baseiam-se ambas em eventos reais que foram vivenciados e depois desfiados e ampliados até se converterem numa história, e passou a ser recontada durante um longo período de tempo. Encontrei provas concretas para essa teoria. Numa certa aldeia das montanhas suíças, perto de Chur, viveu outrora a família de um moleiro que possuía um livro, no qual os acontecimentos familiares eram narrados. Alguns descendentes dessa família vivem hoje em Chur e têm o velho livro, no qual são descritos os eventos que aconteceram a seus ancestrais há 150 anos. Uma das histórias se refere a um moleiro que encontra uma raposa fantasmagórica que fala; logo após esse encontro ele morre. Ora, esse é um tema muito difundido no mundo inteiro: se encontramos nossa alma na forma de um animal que fala, isso é um anúncio da nossa morte.

Em 1937, um estudioso do folclore interrogou os anciãos da aldeia a respeito do moinho e foi-lhe dito que havia um fantasma dentro dele; contaram-lhe a mesma história, mas parcialmente empobrecida e parcialmente enriquecida, descrevendo como a raposa se meteu entre as pernas do moleiro causando-lhe a morte. Em toda essa região, se acredita que uma raposa representa uma alma penada e pode produzir uma inflamação cutânea (raposa vermelha = pele vermelha), pelo que podemos ver que uma crença popular geralmente difundida foi acrescentada à crônica original. Também é dito que a raposa era a alma de uma tia do moleiro e que a morte dele foi causada pela alma penada da tia.

A vida numa aldeia é suscetível de ser enfadonha, de modo que histórias excitantes têm de ser criadas.

Em tais casos, podemos ver como, a partir de uma invasão individual da consciência, desenvolveu-se uma saga local, uma imagem arquetípica. Ademais, se tal saga local tem um caráter muito genérico, então ela peregrina do seu berço original para as aldeias vizinhas e, ao emigrar, perde seu interesse local. Por exemplo, o moleiro original tinha certo nome e vivia num certo lugar, mas, ao mudarem estes, a saga migratória perde as características locais, que a fixavam num determinado tempo e lugar, e torna-se mais geral, perdendo assim seu interesse local, mas ganhando uma aceitação mais ampla.

Portanto, quando estudamos um tema de conto de fadas, fazemos algo semelhante a uma anatomia comparada da psique humana: tudo o que é individual ou local é em grande parte apagado porque não tem nenhum interesse. Apesar desse fato, terei de voltar a essa teoria e modificá-la mais adiante, pois os contos de fadas não estão inteiramente purificados de fatores específicos. Sc compararmos tais contos, veremos que, embora existam certas semelhanças – bruxas, animais prestativos etc. –, a estrutura da história é muito diferente no conto de fadas de um indígena norte-americano e no de um europeu, ainda que os nomes e os lugares sejam eliminados. Estudar uma lenda é como estudar o corpo todo de uma nação. Estudar um conto de fadas é como estudar um esqueleto, mas eu acho que isso mostra mais os tipos básicos de forma mais pura, e se quisermos estudar as estruturas básicas da psique humana é preferível estudar o conto de fadas do que a lenda. Se aplicarmos essa hipótese, voltaremos ao que eu disse antes, ou seja, que o herói e a heroína não são indivíduos humanos, mas figuras arquetípicas.

Quando tentei pela primeira vez desenvolver essa teoria e ensinar outras pessoas a aceitá-la, encontrei grandes dificuldades de percepção e tive de me aperceber de que eu mesma não gostava da teoria. Tive de afirmar mais de uma vez que eu estava convencida de que a personagem no conto de fadas não era um sujeito humano, mas não podemos nos livrar da ideia sugestiva de tratá-la como um ser humano. Por um longo período de tempo, essa foi a verdadeira dificuldade, até que cheguei à conclusão de que deve existir uma base instintiva geral para o ego e de que devemos pressupor a existência de uma tendência inata da psique humana, à qual chamaríamos de o fator de construção do ego, e que parece ser uma das características típicas do ser humano.

Ora, se estudarmos a psicologia das crianças, e gostaria de me referir aos ensaios de Michael Fordham, veremos que o ego pode aparecer projetado como se "não fosse o meu ego". Muitas crianças se referem objetivamente a si mesmas pelo nome e não dizem "eu", pois o seu "eu" está projetado no nome. Dar o nome certo é, por vezes, uma coisa importante: "Joãozinho entornou o leite". A experiência sensível de identidade com o ego está falando. Se observarmos de maneira atenta, verificaremos com frequência que a fase seguinte da personalidade do ego é projetada em *um* ser que é tremendamente admirado. Pode ser um colega de escola a quem a criança imita como um escravo. Poderíamos dizer que a forma futura do ego é projetada nesse amigo. Nesse caso, é lícito afirmar que as qualidades que mais tarde pertencerão ao ego desse rapaz ainda não estão identificadas, mas projetadas num outro ser.

Vemos aqui o fator de construção do ego em ação, por meio de um fascínio que induz à imitação. Se, por outro lado, estudarmos as sociedades primitivas, teremos o mesmo fenômeno sob outra forma, pois nelas apenas o rei ou o chefe ou o feiticeiro tem a qualidade de ser individual. Numa tribo primitiva, se um crime foi cometido, pode-se provar a culpa de certo homem e, no entanto, a responsabilidade poderá ser atribuída a outro que aceitará a punição. Isso, evidentemente, perturba os missionários! A explicação psicológica é que um crime cometido numa tribo tem de ser punido, mas qualquer um que seja escolhido, não necessariamente o culpado, pode receber o castigo e isso está em perfeita ordem. Por outro lado, se um homem branco fere os sentimentos de um de seus criados negros, este é capaz de enforcar-se pensando que com isso causará um grande choque a seu patrão! Que o homem morra ao causar o choque não importa, a coisa principal é o choque causado ao outro. O ego é tão fraco que o indivíduo não é importante; o ponto principal é a vingança. Poderíamos dizer que um paciente com o ego fraco está na mesma posição.

Se começarmos a pensar sobre o complexo do ego, acabaremos descobrindo que se trata de um fenômeno muito complicado, e teremos de perceber que sabemos pouquíssimo sobre ele, embora pareça ter certas características muito comuns. Poderíamos formular a hipótese de trabalho de que o herói, nos contos de fadas, tem uma imagem psicológica que demonstra essa tendência para a construção do ego e que serve como modelo para ele. A palavra "herói" sugere isso, pois é uma pessoa modelar. A reação de querer imitar a figura é espontânea. Tratarei disso de forma detalhada mais adiante.

O estudo de material mitológico por comparação de heróis e heroínas mostra que eles têm muitas das mesmas características típicas que identificam, em grande medida, a imagem com o que Jung chama de o arquétipo do Si-mesmo e que ele diz ser muito diferente do ego. Na personalidade humana como um todo, o ego é apenas uma parte. Uma grande parte da psique não é idêntica à pessoa. Jung define a atividade autorreguladora do todo como o Si-mesmo arquetípico. A identificação com o Si-mesmo, diz Jung, é catastrófica, e é muito importante manter separados os conceitos de Si-mesmo e de ego.

Em *Mysterium Coniunctionis*, Jung sublinha que o fator desconhecido que constrói o complexo do ego e o mantém funcionando é, realmente, o arquétipo do Si-mesmo. O complexo do ego tem grande continuidade. Por exemplo, se nos chocamos contra alguma coisa, recordamo-nos disso no dia seguinte. Se tenho força de vontade, posso conservar lembranças, ou manter uma atitude, com completa continuidade, e essa é uma forma de medir a força do complexo do ego. A continuidade de pensamento é típica de um complexo do ego bem desenvolvido, e isso pode ser exercitado. Psicologicamente, a continuidade do ego é uma coisa muito misteriosa. Poderíamos dizer que essa forte qualidade de continuidade, que o complexo do ego de um ser humano parece desenvolver, é sustentada pelo arquétipo do Si-mesmo.

Assim, quando interpretamos contos de fadas, há a dificuldade constante de como explicar as figuras principais da história. Se a figura se comporta como o Si-mesmo, ou o ego, podemos perder o fio da meada. Portanto, chamo-lhe de *a parte do arquétipo do Si-mesmo que é o modelo do complexo do ego e sua estrutura geral*. Uma das principais funções do Si-mesmo arquetípico é sustentar a consciência do ego e essa espécie correta de continuidade. Se considerarmos a personalidade humana como uma esfera, com o Si-mesmo abrangendo toda a esfera e sendo também o fator autorregulador no centro, qualquer desvio terá compensações. Observamos tais manifestações em sonhos. Se sentimos um afeto destrutivo por uma pessoa, poderemos sonhar que jogamos alguma coisa contra ela e aceitamos essa advertência, pois os sonhos comentam aquilo que fazemos. Podemos passar longos períodos sem ter quaisquer sonhos, mas se estivermos em perigo de nos desviarmos de nossa própria totalidade, tê-los-emos. A saúde do indivíduo é melhor quando o complexo do ego funciona afinado com o Si-mesmo, pois nesse caso existe um mínimo relativo de perturbações neuróticas.

Nos contos de fadas, o herói ou a heroína foi amaldiçoado, de modo que a pessoa tem de comportar-se de uma maneira destrutiva, negativa, e é tarefa do herói redimir a pessoa enfeitiçada. Podemos dizer que qualquer complexo arquetípico, qualquer unidade estrutural da psique inconsciente coletiva pode ser alvo de maldição ou de feitiço; não precisa ser o herói e poderia, portanto, ser qualquer outro complexo. Devemos examinar sempre com cuidado para ver qual o fator que foi enfeitiçado ou amaldiçoado. De um modo geral, podemos dizer que isso é comparável a um estado neurótico. De acordo com os contos, uma maldição é frequentemente infringida sem que haja uma causa. É um estado em que a pessoa entra de modo involuntário, em geral inocentemente, ou quando existe culpa, esta é de pouca monta, como na história da maçã no Jardim do Éden.

Quando existe culpa num conto de fadas, ela é de natureza aparentemente secundária, em virtude da qual a maldição recai sobre a figura. Temos, por exemplo, o conto dos irmãos Grimm, "Os sete corvos". Nessa história, o pai manda seus filhos irem buscar água para batizar a irmã; mas os rapazes quebram o cântaro em que deveriam transportar a água. Em sua irritação, o pai diz que seu desejo era que os rapazes fossem todos corvos, e ei-los transformados nessas aves, tendo a irmã que os redimir. Culpa desse gênero é, por vezes, mencionada, mas geralmente não há explicação da maldição. O conto começa usualmente com a informação de que existe uma princesa enfeitiçada, sem que qualquer explicação ou razão seja dada para a maldição. Outro tema é o de uma bruxa muito feia, que se apaixona por um belo príncipe que a rejeita, e um dos dois amaldiçoa o outro, que pode ser transformado num animal.

As sociedades primitivas vivem no medo constante de enfeitiçamento. É algo que pode acontecer a qualquer pessoa, a qualquer momento, sem que ela seja culpada. As vacas, por exemplo, podem não ter leite, e isso pode acontecer às vacas de qualquer um. Se passarmos isso para a linguagem psicológica, poderemos dizer que um impulso nos força a uma atitude errada, de modo que ficamos alienados dos nossos instintos e perdemos o nosso equilíbrio interior. Por meio do caráter herdado, podemos ser impelidos para tais situações. É possível que uma pessoa ame a aventura, mas não poderá viver uma vida aventurosa se for supersensível. Assim, o ser humano nasce com impulsos contraditórios.

Em termos psicológicos, podemos comparar uma pessoa que num conto de fadas está enfeitiçada a alguém cuja entidade estrutural da psique humana foi danificada em seu funcionamento, tornando-se incapaz de funcionar normalmente. Todos os complexos se influenciam de forma mútua. Se a *anima* de um homem é neurótica, embora o próprio homem não o seja, ele sentir-se-á parcialmente enfeitiçado. Podemos ver isso na vida onírica. Acordei certa manhã e disse "adeus!" ao mundo, pois pensei que ia morrer. Não me sentia infeliz. Esse estranho estado de espírito durou o dia inteiro. Olhei para as flores sentimentalmente, era amável com toda a gente, era tudo mais romântico do que qualquer outra coisa. Na noite seguinte, sonhei que um rapaz muito romântico tinha realmente morrido. Portanto, o que morreu foi uma espécie de *animus* infantil, e já era mais do que tempo de ele morrer, mas seu "adeus" agonizante afetou toda a minha psique. Isso é típico.

Podemos dizer que uma pessoa não está inteiramente neurótica, mas que um complexo está doente e, portanto, numa certa medida, toda a pessoa está doente. Há, por vezes, um complexo neurótico dentro de uma pessoa normal. Um complexo é afetado e tem um efeito neurótico sobre o resto da pessoa, e isso explica os diferentes graus de neuroses. Por outro lado, quando certos complexos são afetados, uma pessoa, que em outros aspectos é normal, pode estar completamente louca. De um modo geral, estar enfeitiçado significa que certa estrutura da psique está mutilada ou danificada em seu funcionamento e o todo é, por conseguinte, afetado, pois todos os complexos vivem, por assim dizer, dentro de uma ordem social dada pela totalidade da psique; e é por isso que estamos interessados no motivo de enfeitiçamento e sua cura.

CONFERÊNCIA 2

Na conferência anterior, examinamos qual figura preenchia o papel de herói num conto de fadas e chegamos à conclusão de que é impossível fazer uma comparação do herói com o ego do ser humano. No conto de fadas, o herói representa antes aquele aspecto do Si-mesmo que está envolvido na construção do ego, em sua manutenção e ampliação. E também um modelo e padrão arquetípico para o tipo correto de comportamento.

Entretanto, a comparação de uma história com outra mostra uma grande variedade a esse respeito. Alguns heróis podem simplesmente sentar-se junto à estufa, bocejar e, segundo parece, nada fazer, mas acabam por casar com a princesa, enquanto outros podem ter de derrotar salteadores, bruxas etc. Não obstante, quando lemos um conto de fadas, temos a sensação de que isso está certo, de que somente por meio desse tipo particular de comportamento o herói poderia alcançar seu objetivo, enquanto todos os outros fracassam. Assim, em alguns casos, está certo ser estúpido, enquanto em outros o herói tem de ser muito arguto ou audaz. Por vezes, requer-se a magia ou o animal prestativo, enquanto em outras o herói realiza sua tarefa sozinho. Parece haver sempre um comportamento tipicamente correto. Se participamos com o nosso sentimento, temos a ideia de que essa é a maneira certa de fazer as coisas e, por meio dessa identificação, sentimos ser esse o modo secreto para enfrentar a vida. Por conseguinte, podemos dizer que o comportamento do herói só pode ser compreendido dentro da estrutura global da história, e que ele representa a pessoa cuja ação instintiva é a correta nessa situação específica.

Mas qual *é* o tipo "certo" de comportamento? Essa é uma das dificuldades dos contos de fadas, já que eles são tão ingenuamente convincentes que ninguém os questiona. Obviamente, o comportamento do herói não se harmoniza com os padrões individuais comuns; ele pode ser estúpido, ingênuo ou cruel, e usar todas as espécies de ardis e estratagemas que condenaríamos, mas, seja como for que se comporte, temos, ainda assim, a sensação de que ele está certo. Portanto, essa "certeza" talvez possa ser mais bem definida como o que está em completo acordo com a totalidade da situação. Nunca podemos dizer: "Está certo, os salteadores devem ser mortos e as bruxas têm de ser burladas", pois é sempre possível encontrar outras histórias em que isso não acontece. Logo, nenhuma receita é possível. Podemos apenas dizer que *nesta* história é óbvio, desde o começo, que o herói fez a coisa certa, embora ninguém possa conjeturar o que ele fará a seguir, pois o que o herói faz é sempre uma surpresa. Portanto, essa forma de se chegar à possibilidade certa é algo muito mais primitivo do que uma atitude intelectualmente correta; emana das profundezas da personalidade e está de acordo com o Si-mesmo. Assim, ilustra um fato que também podemos observar em situações individuais psicologicamente difíceis, a saber, que não existe resposta convencional para um complexo individual.

Usualmente, um paciente que entra em análise tentou tudo o que podia em geral ser feito na situação consciente, e defrontamo-nos, portanto, com a questão crítica que nos é deixada pela sociedade de descobrir o que a pessoa, em sua situação particular, deveria fazer; nesse caso, podemos dizer que o comportamento "certo" pode ser descrito como aquele que está de acordo com a totalidade da personalidade psicológica. A situação nos contos de fadas é semelhante, porquanto pode ser afirmado que o herói e a heroína representam modelos para um funcionamento do ego em harmonia com a totalidade da psique. Existem modelos para o ego saudável, um complexo do ego que não perturba a estrutura global da personalidade, mas que normalmente funciona como seu órgão de expressão.

Comparado com outros animais de sangue quente, o ser humano é ímpar, na medida em que desenvolveu uma forma específica e focalizada de consciência que não será encontrada em outros seres, pelo menos neste planeta. Os animais parecem estar limitados a seus padrões de comportamento num grau muito mais elevado, frequentemente até o ponto de destruição. Por exemplo, os lemingues (pequenos roedores da região ártica, parecidos com os ratos-do-mato e também com os esquilos), como tantos outros animais, tendem a formar grupos de tempos em tempos e a migrar. Obviamente, a natureza dotou os animais com esse impulso instintivo, compelindo-os a mudar seus lugares de alimentação e a não comer tudo num só lugar. Esse instinto de migração é tão forte que eles seguem em frente, penetrando até mesmo num rio onde se afogam. São incapazes de parar e de mudar de rumo. Assim, os animais não podem se desligar desse padrão de comportamento, ainda que ele possa destruí-los.

O ser humano, entretanto, possui uma capacidade muito maior de adaptabilidade e pode viver em todos os climas do mundo inteiro, em condições para as quais não foi preparado ao nascer. Mas, para tanto, ele teve de pagar um preço muito alto, pois, por meio dessa adaptabilidade muito maior e da capacidade para contrariar seus próprios instintos animais, o ser humano está apto a reprimir esses instintos, a tal ponto que se torna neurótico e sua personalidade, como um todo, pode deixar de funcionar. Esse é o pesado preço que o homem paga por sua maior liberdade. Dessa maneira, o ego humano também se defronta com a tentação de se desviar a tal ponto dos instintos, que dificuldades podem surgir. Logo, é tremendamente importante para a consciência humana ter um modelo em mente, um padrão de como o ego pode funcionar de acordo com o resto das condições instintivas. O herói, nos mitos e nos contos de fadas, tem essa função de nos recordar o tipo correto de comportamento, em harmonia com a totalidade do ser humano. O fato de que existem muitas possibilidades só nos mostra a dificuldade da tarefa.

O primeiro motivo de redenção que me proponho examinar é o do banho. Trata-se de uma técnica muito difundida de redenção. Em muitos contos de fadas, há o tema do ser amaldiçoado ou enfeitiçado, masculino ou feminino, que está condenado a cometer maldades e só pode ser redimido desde que tome alguma espécie de banho. Pode ser apenas um alguidar de água no qual o herói terá de mergulhar três vezes a criatura enfeitiçada, produzindo assim a redenção, ou o líquido pode ser o leite de uma vaca ou a urina de um cavalo. A temperatura do banho pode não ser mencionada, ou pode ser uma espécie de suadouro em temperatura muito elevada, ou talvez a criatura que está submetida à maldição tenha de ser cozida na água. Por vezes, o motivo do fogão é apresentado em lugar do banho, mas examinaremos isso separadamente.

Um exemplo do procedimento do banho está contido no conto de fadas norueguês intitulado "O camarada", no qual a princesa está em poder de um demônio da montanha, um homem muito velho de barba branca. Ele é o amante secreto da princesa e juntos maquinam como ela atrairá os homens para sua rede a fim de lhes propor a decifração de enigmas. Se a solução do enigma não é encontrada, o homem é decapitado, disso resultando que a princesa mata todos os seus pretendentes, quer o faça de bom grado ou não. Numa outra variação, ela tem uma *trollskin* (uma pele de *troll*, que o *Dicionário de Oxford* define como um ente sobrenatural da mitologia escandinava, primitivamente um gigante ou, mais tarde, um anão amistoso, mas travesso). Em ambos os casos, o herói aparece acompanhado de um duende que o ajuda e lhe recomenda como deve comportar-se. Esse ser fantasmagórico possui asas e pode, assim, voar até o local onde as tramas são engendradas, podendo escutar o que o velho demônio e a princesa dizem enquanto decidem seus enigmas; desse modo, o herói está apto a responder às perguntas. Por meio disso, ele despotencializa a maldade da princesa e esta concorda em dormir com ele e aceita-o como seu marido; mas então o espírito aliado do herói diz-lhe que a batalha ainda não está ganha e que a princesa o destruirá em sua noite de núpcias, a menos que ele prepare um alguidar de água e nele a mergulhe três vezes.

Na versão germânica, a imersão é descrita como a colocação de um alguidar com água perto da cama, de modo que quando a princesa, de noite, pulasse da cama com a intenção de fugir, caísse dentro da água. A princesa tem de ser, então, agarrada e um corvo esvoaça e tenta escapar, depois uma pomba, a qual também tem de ser empurrada para dentro da água, e só então a princesa aparece em sua verdadeira forma e pode ser esposada com segurança. Na versão nórdica, o perigo é terrível. O herói vai para a cama e finge estar adormecido. A princesa tenta descobrir se ele está realmente adormecido e agarra uma faca para matá-lo, mas ele susta-lhe o gesto e fustiga-a com varas de aveleira até que se quebrem. Depois, ele lava-a primeiro em coalhada e depois em leite doce, após o que a pele de *troll* se desprende, juntamente com suas intenções malignas. Nessa variação, ela não só teria fugido, mas teria também matado o homem em sua noite de núpcias. Há o mesmo motivo no apócrifo Livro de Tobit.

Outra variação do mesmo conto diz que a princesa tem facas em seu corpo e que o marido, ao dormir com ela, será morto. O motivo de armas secretas no corpo da noiva também é encontrado em textos alquímicos, quando o exorcismo pelo banho é necessário.

Ao considerarmos o simbolismo do banho, pode ser feita a comparação com todos os diferentes ritos batismais que temos em nossa própria religião e nos rituais pré-cristãos. Por exemplo, nos mistérios de Elêusis, os participantes dirigiam-se primeiro para o mar a fim de tomar um banho ritual. Tais banhos de purificação, tomados antes da iniciação nos mistérios mais profundos, são símbolos difundidos pelo mundo inteiro. Os indígenas norte-americanos entram usualmente numa cabana de suadouro, onde se sentam numa câmara sob a terra; a água é jogada sobre as pedras quentes, de modo que o homem fica sentado em vapor quente, enquanto se esfrega com salva como um meio de purificar-se dos pecados que cometeu e de livrar-se dos espíritos malignos.

Nas interpretações primitivas, o batismo cristão é também entendido como uma limpeza e separação do pecado e expulsão dos maus espíritos. Aqui existe uma ligação com a ideia de renovação, porquanto a pessoa que foi batizada foi renovada em Cristo e livrou-se de todos os pecados pagãos anteriores. Como prova disso, vestia-se uma roupa branca, indicativa da purificação e da nova personalidade. A mesma relação é encontrada nos diferentes banhos rituais, em conjunção com a ideia de renovação pela água.

De um modo geral, a água refere-se ao inconsciente, e entrar na água e dela sair de novo parece ter certa analogia com o mergulho no inconsciente. A pia batismal no Cristianismo frequentemente simboliza o útero da Mãe Igreja e tem, portanto, um aspecto maternal – o indivíduo renasce no ventre eterno, que é a água. É o lugar materno de onde provimos e ao qual regressamos numa nova forma. Em eras remotas, somente as pessoas adultas eram batizadas e completamente imersas. O batismo de crianças deu-se em razão da crença de que somente os batizados iam para o Céu e viam Deus; e, naturalmente, os pais cristãos não queriam que seus filhos morressem como pagãos. Nos Manuscritos do Mar Morto, faz-se também menção à renovação pelo batismo.

Em muitos sonhos, o processo analítico é comparado a um banho e a análise é frequentemente equiparada a uma lavagem.

Em alemão, fala-se de “lavar a cabeça de alguém”, isto é, repreender-lhe ou mostrar-lhe onde suas ideias estão erradas. A maioria das pessoas, quando se apresentam para análise, tem um sentimento meio confuso de que algo dessa espécie é necessário e de que os seus pecados poderão sair. Assim, a ideia de um banho é um símile muito óbvio. A sujeira que cobre o corpo poderá significar influências psicológicas do ambiente que contaminaram a personalidade original.

É muito mais fácil sermos nós mesmos e é natural que vivamos sozinhos. Os introvertidos são muito sensíveis e dizem frequentemente que se sentem bem quando estão sozinhos e que, com outras pessoas, captam influências perturbadoras e perdem sua serenidade interior. Nenhum paciente é ambicioso, mas se um deles toma a iniciativa de fazer alguma coisa, todos os outros querem fazer o mesmo. Esse é o fenômeno da psicologia de massa e, nesse caso, prevalecem as emoções primitivas. A razão é varrida pela contaminação e as pessoas menos educadas contaminam outras e todas são degradadas. Se uma tem a mesma potencialidade, esta é imediatamente ativada. Assim que entra no rebanho humano, a pessoa é deteriorada e sua própria sombra é constelada. Podemos dizer que nossa própria escuridão é ativada de fora, mas alguém pode também captar realmente uma escuridão que não é dela. As pessoas são atraídas para atitudes que não são suas, e quando têm tempo para pensar, perguntam-se o que lhes aconteceu. Isso é algo de que temos de nos limpar repetidamente e por isso interpretamos o banho, de um modo geral, como a necessidade de eliminar os problemas da sombra.

Há uma grande tentação de aplicar esse significado aos contos de fadas e dizer que a figura da *anima* tem de passar pelo processo de renovação, mas, se o fizermos, esquecemos a nossa própria hipótese, ou seja, que as figuras são arquetípicas e não humanas. Assim, podemos dizer que o banho, a água, é um retorno ao inconsciente a fim de se purificar de certos aspectos da sombra que realmente lhe são estranhos. Se a *anima* tem de passar pelo processo, isso não significa que o ser humano tenha de fazer o mesmo. O que é enfrentado é o complexo neurótico, não o ser humano; aquele é impelido de volta para a água, isto é, para o inconsciente, onde os impulsos neuróticos destrutivos são tratados pelo método de ampliação. Temos de examinar os sonhos e ver o que está por trás deles. Quando ampliamos um sonho, nós o devolvemos a seu contexto original. O fragmento onírico é imerso no fluido amniótico para que seja enriquecido e, por meio desse processo de ampliação, possa aparecer numa forma diferente.

O banho está relacionado com a ampliação, ou com a atitude psicológica de reposição do complexo na sua totalidade original e de observação do tipo de forças que nele estão atuando. Os sintomas neuróticos são, com frequência, o resultado de algo que ficou detido entre o inconsciente e a consciência. Darei um exemplo. Uma jovem tinha um complexo que a aprisionava em seu apartamento. Assim que estava na rua, ou num bonde, seu complexo dizia-lhe que qualquer operário que encontrasse a contaminaria com sífilis; embora ela soubesse que isso era impossível, não podia agir de maneira racional nem havia argumentos capazes de expulsar tal ideia.

Obviamente, a moça esquivava-se do trabalho, pois o operário representa a energia do trabalho. E, por meio desse pavor ao trabalho, sua energia de trabalho tornou-se negativa e perturbou suas funções eróticas. A doença instalou-se através do seu complexo paterno. Ela começava a trabalhar várias vezes, mas depois abandonava o emprego e seu pai, que era um homem rico, sempre concordava. Portanto, o operário em roupa de trabalho contaminava-a – a energia que não era usada contaminava a personalidade de uma forma destrutiva, atacando especialmente a mulher onde ela era mais vulnerável, isto é, na sua feminilidade. Eros e amor são contaminados e destruídos pela energia libidinal não usada. O inconsciente transmitia-lhe claramente uma mensagem curativa, mas a moça não a entendeu. O dr. Jung dedicou apenas meia hora ao sintoma e a paciente ficou curada nessa meia hora. Havia nela uma forte integridade ética e a paciente engoliu a pílula e começou a trabalhar. O dr. Jung disse-lhe que ela acabaria num manicômio se não o fizesse.

Vemos, neste exemplo, que a moça parece estar aprisionada a algo completamente destrutivo, mas no simbolismo do sintoma o inconsciente mostrou a cura. As mensagens curativas agem, por vezes, de forma destrutiva se não forem entendidas e usadas corretamente. Elas permanecem no limiar da consciência. Uma mensagem simbólica do inconsciente é como um ser amaldiçoado, um conteúdo que ficou retido numa esfera intermediária devido a condições do inconsciente que não lhe permitiam vir à superfície; se o fazemos recuar e depois o deixamos vir à tona em seu pleno significado original, o efeito destrutivo desse conteúdo desaparece.

Examinemos o motivo da princesa fustigada com varas de aveleira. A aveleira e seus ramos, especialmente nas mitologias céltica e germânica, relacionam-se com a sabedoria da sinceridade – o salmão sábio que comeu as avelãs que cresciam à beira da água pode aconselhar os heróis. A vara de aveleira está relacionada à sinceridade e à objetividade impessoais. No antigo *Thing* germânico (uma assembleia de homens livres da tribo), quando um dos membros tinha de ser julgado, antes que o tribunal fosse instalado cada juiz apanhava uma vara descascada de aveleira, um símbolo pelo qual confessavam não serem subjetivamente honestos, ao mesmo tempo que expressavam ostensivamente a intenção de serem tão objetivos e honestos quanto possível em seu julgamento. Isso recorda-nos o cetro real, o qual também representa um princípio impessoal de autoridade, não um complexo pessoal de poder. Portanto, se o herói fustiga a princesa com uma vara de aveleira, ele dá-lhe uma verdade desagradável de modo objetivo, tal como a interpretação de um sonho dá uma verdade objetiva, e isso tem um efeito exorcizante.

O significado de um sonho pode ser muito doloroso e cortante como um látego, pode dizer que uma pessoa odiada é como nós mesmos, mas a crítica impessoal, objetiva, é purificada do seu aspecto destrutivo. Que a vara de aveleira seja algo que cresce naturalmente é também muito significativo. Deus permite que algumas pessoas sejam indolentes e não devemos ser tão arrogantes ao ponto de presumir que sabemos exatamente como as pessoas devem comportar-se; algumas pessoas podem fazer as coisas mais surpreendentes sem punição. A preguiça, em algumas civilizações, é muito normal e tais pessoas não são neuróticas. Mas se aparece um sintoma, então isso é outra coisa, pois cresceu na alma do paciente.

A repressão total de um complexo deve ser comparada ao encerramento da coisa toda num esquife de chumbo, ao passo que a morte de um complexo poderá ser ilustrada pela transferência da libido (energia psíquica), como, por exemplo, no seguinte caso.

Uma jovem camponesa praticava a magia negra e sonhava frequentemente com seu avô que, em vida, tinha realizado sessões, mas a quem ela jamais vira. Num sonho, ele apareceu como um hermafrodita, metade homem e metade mulher. No inconsciente, o hermafrodita simboliza "isto e também aquilo". Isso ilustra a natureza intermédia ou "retida" do complexo. Nesse caso, duas coisas estavam envolvidas: por um lado, uma mente insatisfeita, subdesenvolvida, e, por outro, uma natureza feminina muito apaixonada que ela reprimiu. Esses dois lados tinham formado um monstro hermafrodítico. A jovem tinha de separá-los na análise. Ela teve um sonho que descera para o quarto de dormir de sua mãe, no fundo de uma caverna, onde uma mulher maravilhosa deu à luz uma criança, um nascimento milagroso produzido por um anjo. Ao mesmo tempo, ouviu lamentos e viu que o avô estava agonizando na cama. Assim, logo que a personalidade feminina nasceu na sua alma, o monstro perdeu sua energia e a magia negra do avô esvaziou-se, ficou como uma concha vazia e, assim, o interesse que a paciente tinha por ela dissipou-se. A paciente compreendeu que isso tinha sido uma tentativa impotente de obter o que queria. A libido, até então concentrada na magia negra, transferiu-se para o processo psíquico de individuação.

Usualmente, os banhos não são tomados no mar, mas numa banheira, o que se reveste de implicações muito definidas, uma vez que a banheira é um recipiente feito pelo homem, no qual o ser humano pode entrar, e possui dimensões definidas. Representa o inconsciente numa forma muito específica, pelo que temos de recorrer ao simbolismo do recipiente, que é tremendo. O recipiente é o ventre da Madre Igreja, o útero, possuindo, portanto, uma qualidade feminina e materna bem definida. Mitologicamente está contaminado amiúde com o seu conteúdo. Para o alquimista, o recipiente e a água são a mesma coisa. A água é o recipiente no qual é feita a pedra filosofal, pois o continente e o conteúdo em alquimia são completamente conjugados. Como o recipiente é um meio fabricado pelo homem para conter a água, está relacionado com a função da consciência; estar apto a usar o instrumento é uma prerrogativa da consciência humana e aponta para suas atividades como um símbolo. O recipiente representaria um conceito, ou modo de conceber uma coisa.

A Igreja é um desses recipientes, portanto fornece um meio pelo qual os valores e as ideias religiosas cristãs se conservam unidos por meio de um sistema dogmático. Psicologicamente, o recipiente está relacionado com os votos, as ideias, os sentimentos básicos e os conceitos que tentamos conservar unidos e impedir que escapem na vida, pois ele pode conter essas coisas de modo que não se percam. Ele constitui, portanto, um meio de tornar-se consciente.

Em muitas línguas, a concepção e o entendimento expressam a função do recipiente – um meio de apreender e de captar numa certa forma a ideia ou coisa que está sendo moldada num formato em que pode ser manipulada. A técnica do alquimista não consistia em ter aqui um sistema e ali um fenômeno da psique, mas em ter um conceito psicológico da psique derivado de si mesmo. Isso é facilmente esquecido. Aprendemos o sistema junguiano por meio de conceitos tais como *animus* e *anima*, mas aí reside um perigo. Na realidade, o dr. Jung derivou seus conceitos de sua própria experiência do inconsciente, de modo que, nesse caso, recipiente e conteúdo são a mesma coisa. Tentamos compreender a psique por meio da própria psique, e damos a isso o nome de "pensamento simbólico". Não concebemos uma neurose compulsiva como sendo composta de tais e tais fenômenos a serem curados de tal e tal maneira.

A ideia é que devemos entender como a psique lida com o problema – essa é a identidade secreta do conteúdo e do continente. Os alquimistas pensaram que a matéria podia ensinar-lhes como lidar com ela. Não obstante, possuímos certa dose de método, por exemplo, as interpretações de sonhos, e certas ideias sobre a natureza da psique, e essa atitude geral pode ser comparada ao símbolo do recipiente. Em contraste com os freudianos, não encorajamos o paciente a soltar um caudal interminável de associações, mas fixamo-nos no símbolo e no motivo, para que não sejam dissolvidos no mar do inconsciente. Traçamos uma linha elástica de fronteira entre o que lhe pertence e o que não lhe pertence.

Saber o que pertence é uma questão de habilidade prática. Se existe um complexo semiconsciente como, por exemplo, no caso da moça com o complexo de sífilis, empurramo-lo de volta para a água ou a banheira, sem permitir que vaze e se derrame todo; as reminiscências infantis não pertencem a isto. Mantemo-nos num certo campo e tentamos explorar o caminho orientados pela emoção do paciente. Existe, pois, uma dose suficiente de desconhecido para que o complexo possa manifestar-se, já que, se assim não fosse, perder-nos-íamos na infinidade do inconsciente. O que vem depois é a estufagem, ou banho em água quente, o banho frio, o banho quente e o banho de fogo. O simbolismo da temperatura refere-se naturalmente à intensidade emocional; o que suscita as nossas emoções é quente. O frescor está associado ao apaziguamento; é menos emocional ou pode ser até um cobertor úmido que é colocado sobre o entusiasmo. A água também representa uma espécie de emoção, sendo as ondas do mar o movimento da água. Em geral, isso não é mencionado. O frescor poderia relacionar-se com a razão.

Podemos querer convencer o analisando de que, nessa situação particular, nada pode ser decidido, mas que o que está acontecendo deve ser compreendido. A pior paixão ocorre quando as pessoas se defrontam com um fator desconhecido. O pânico é destrutivo. É uma excitação sem finalidade, como a de um animal amedrontado. As explosões de pânico são frequentemente representadas nas psicoses como a conflagração do mundo, ou um homem casado pode apaixonar-se por outra mulher e entrar em pânico sobre o que deve ser feito. A súbita excitação por não ser capaz de enfrentar a situação é a perigosa conflagração da personalidade. Nesse caso, a compreensão é o instrumento apaziguador. Empenhamo-nos em orientar a pessoa para o conceito mais amplo e em mostrar-lhe que o conflito é provocado por sua alma e não por ela própria. Se a realização do objetivo que se tem em vista pode ser atingida, ainda que isso ocorra sem compreensão, e se for tomada a decisão de nada fazer de momento, o perigo do pânico desaparece e é sucedido por uma atitude de expectativa. Pode-se esperar, então, uma solução humana racional em vez do pânico da destruição. O homem é perigosíssimo quando o fogo da paixão se apossa dele. A água do banho está relacionada com a penetração da compreensão.

No ensaio de Jung, "A psicologia da transferência", há algumas passagens interessantes sobre a água e o banho, em que a qualidade de compreensão do símbolo da água é patenteada por uma grande quantidade de material, sendo comparada à água da sabedoria dos alquimistas. Também aqui se faz menção à necessidade de haver compreensão intelectual e uma relação de sentimento com o conteúdo do inconsciente.*

Eu tive o caso de uma mulher em pânico mortal. Ela queria cometer suicídio imediatamente e o psiquiatra com quem eu estava trabalhando queria interná-la. Indaguei-a sobre seus sonhos e ela disse que tinha tido uma visão em que viu um ovo e escutou uma voz que disse "a mãe e a filha". Ampliei esse material, dizendo que o ovo era o germe da nova possibilidade, e assim por diante. Ela sentia-se tão perdida que não entendeu uma palavra da explicação e admitiu posteriormente que não tinha sido capaz de ouvir; mas, depois que fiquei falando por algum tempo, ela acalmou-se e disse que iria para casa. Sugeri, portanto, que a paciente não fosse internada. Mais tarde, ela explicou que, embora não tivesse compreendido o que eu dissera, tinha pensado que *Fraulein* Von Franz considerara o sonho uma coisa positiva.

O fato de que alguém compreenda é o bastante, embora a pessoa não possa compreender-se a si mesma; aí a temperatura cai e certa calma sobrevém, e talvez então o paciente possa também compreender. Os conteúdos arquetípicos estão, por vezes, muito distantes e, se o paciente não for atraído para eles nesses termos, não poderemos transmitir-lhe o que significam, mas o sentimento de que outrem compreende tem um efeito calmante.

---

* *Collected Works*, vol. 16, §§ 453ss. e 483ss.

CONFERÊNCIA 3

Na última conferência, examinamos o motivo do efeito refrescante do banho. A Igreja Católica fala da *aqua doctrinae*, a água da doutrina, simbolizando a água e o efeito apaziguador produzido na alma pelo dogma. Quando existe uma possibilidade de compreensão, a emoção é esfriada e acalmada. No conto de fadas, o banho redentor é frequentemente muito quente e só o herói é capaz de suportar uma temperatura em que outros pereceriam. Numa versão, o velho rei esforça-se para destruir o herói num banho, mas o cavalo deste último é dotado de qualidades mágicas e pode esfriar a água com seu bafo, de modo que o herói sai do banho incólume. Ele então convida o rei a entrar no banho, o qual morre cozido. A questão aqui não é o efeito purificador da água, mas a magia secreta do herói que o preserva de ser fervido na água ou cozido no fogão.

A água quente simboliza a emoção; quando trabalhamos num complexo, empurrando-o de volta ao inconsciente, adicionamos libido ao participarmos emocionalmente de tudo o que vem à tona. Com frequência, o próprio complexo tem certa qualidade afetiva e, nesse caso, podemos cozinhá-lo no seu próprio afeto. É possível que a água quente, ou a emoção, se apresente com uma projeção e, nesse caso, toda a emoção flui para o objeto exterior. Um analisando pode ter uma sombra que ele tenta libertar por ab-reação, mediante um acesso de cólera contra outra pessoa, mas isso tem de ser apresentado como uma projeção, de modo que o analisando ou o complexo terá de sofrer as consequências, pois quando a saída normal da projeção está fechada, começa a agonia e, uma vez que não é mais possível fazer do mundo exterior o bode expiatório, a pessoa vê-se forçada a sofrer o impacto do complexo, o qual não tem outra saída.

O analisando pode ter afetos negativos contra o analista e, se este reage emocionalmente, é propiciada uma saída, ao passo que, se ele se mantiver do lado de fora, a emoção ficará encerrada no próprio analisando, que terá de sofrê-la. Esse método nem sempre é o correto, porquanto, algumas vezes, deve-se entrar no jogo emocional, mas isso é uma questão da interpretação correta dos sonhos e da adoção da atitude correspondente e de se conhecer quando a emoção deve ser mantida dentro do analisando, que está, então, num banho quente com o complexo, o que envolve sempre um tremendo sofrimento.

Na realidade, isso é um retrato do Inferno, onde somos fervidos em óleo quente e temos de permanecer nele. Isso acontece diariamente às pessoas quando ficam fervendo nos seus próprios complexos emocionais. Mesmo as pessoas que não acreditam em Inferno são impressionadas por essa imagem, a qual exprime certa verdade psicológica.

Esquentar o banho do exterior implicaria que a emoção está sendo artificialmente intensificada. Isso pode ser observado sobretudo nos casos esquizoides, quando as pessoas têm problemas tremendos sem sofrer de maneira adequada por causa deles. O afeto não aparece onde poderíamos esperá-lo, mas explode em outro lugar. O dr. Jung fala-nos de um paciente que, quando indagado sobre o que estivera escrevendo durante a entrevista, respondeu que escreveu quando telefonou para a Virgem Maria. Se uma pessoa normal tivesse uma visão da Virgem Maria, ou uma conversa com Ela, ficaria profundamente assombrada, mas um esquizofrênico pode falar ao mesmo tempo de qualquer coisa cotidiana, como de seus cigarros, por exemplo. Em tal caso, ou em casos-limite, o banho tem de ser aquecido artificialmente, o que significa que a psicoterapia deve adicionar a emoção que está faltando. Por exemplo, um paciente esquizofrênico pode ameaçar atirar contra o analista, sem ter a mínima noção do que ele está dizendo e, nesse caso, temos de produzir uma emoção que lhe dê um choque e gere a reação normal. Se existe uma possibilidade de cura nesse caso, é fazendo o analisando perceber o que diz, isto é, aquecendo o banho de fora e adicionando a emoção que não foi internamente produzida de forma adequada.

Na esquizofrenia, o conteúdo inconsciente apresenta uma tendência para desintegrar-se, perdendo, assim, o seu valor emocional normal. Numa neurose, a parte neurótica segregada da personalidade terá sua vida emocional adequada, ao passo que, num caso psicótico, a dificuldade estará na tendência para uma desintegração cada vez maior sem afeto emocional. Tais pessoas podem ser feridas por um comentário que façamos, sem que se apercebam de que foram feridas, mas elas terão um abalo mais tarde. Certa vez fiz um comentário que atingiu o complexo de um analisando, mas ele saiu feliz da vida. Cerca de uma hora depois, na rua, teve subitamente a ideia de que um homem num caminhão pretendia alvejá-lo a bala, e uma cólera tremenda o invadiu; a reação ocorreu num lugar completamente impróprio. Observei que algo deveria tê-lo magoado na entrevista, uma vez que um sonho tinha apontado nessa direção, mas o paciente não se lembrou de nada – a parte que eu atingira estava tão fechada que ele nada notara. De fato, ele tinha sonhado que alguém fora assassinado e lançado num buraco no chão, e que depois o próprio cadáver tinha desaparecido, nada mais restando senão um fragmento de roupa. Desse modo, o complexo converte-se num conteúdo autônomo que se desintegra.

É bem sabido, em análise, que uma pessoa que foi magoada pode sonhar com alguém que foi morto, mas o analisando esquizoide que não entendeu coisa alguma, sentiu uma cólera tremenda contra o homem no caminhão; a associação só pode ser encontrada com enorme dificuldade e é praticamente impossível reconstituir a situação no tocante ao que aconteceu por baixo. Portanto, nos casos em que o complexo não se expressa com adequada emoção, deve receber libido exterior para impedir que se desintegre e para insuflar-lhe força suficiente que lhe permita expressar-se em sua forma correta; a atenção concentrou-se, portanto, no problema. Um problema pode ser reprimido e fechado numa gaveta durante anos e anos, e a pessoa pode recusar-se a vê-lo, dizendo que, se o fizer, poderá cair em depressão. Isso significaria recusar-se a dar à parte segregada da personalidade a necessária atenção, a fim de escapar ao sofrimento do banho fervente.

A *Benedictio Fontis*, batismo na Igreja, representa a purificação do ser humano e sua transformação num novo ser espiritual; mas o simbolismo na missa foi tremendamente elaborado, enquanto nos contos de fadas encontramos o processo natural. No sábado anterior à Páscoa, a água batismal é sempre abençoada. O sacerdote divide a água em quatro partes, fazendo sobre ela o sinal da cruz, isto é, o sangue de Cristo correu dos quatro braços da cruz sobre o mundo inteiro e em direção a um novo paraíso, e a água torna-se um instrumento para o renascimento das almas. Por isso se diz que o Espírito Santo fecundará a água preparada para o renascimento do homem com a misteriosa admistão do poder divino, para que desse útero da fonte divina uma nova criatura possa nascer e uma geração divina consiga surgir. Aqueles que foram separados pelo pecado e pela velhice renascem todos para a mesma infância por meio da Madre Igreja e da graças de Deus, e todos os espíritos impuros voam para longe e não podem aproximar-se da água. O ser humano purificado é, assim, revivido e absolvido do pecado, e depois abençoado três vezes com o sinal da cruz. Nesse caso, os aspectos de purificação e de renascimento estão unidos. O sacerdote segura a vela da Páscoa na água e a abençoa três vezes traçando o sinal da cruz. A qualidade de luz e renascimento do Espírito Santo penetra na água nesse momento e diz-se que o Espírito Santo penetra na água batismal para que os que são batizados nasçam realmente de novo.

O gesto do fogo da vela pascal entrando na água é psicológico. Poderíamos dizer que a luz da vela representa a luz de uma atitude compreensiva, uma elucidação da mente que penetra agora no inconsciente e o fertiliza. Isso representaria uma atitude de sacrifício voluntário, certa compreensão e conhecimento conscientes da verdade obtidos pela imersão na água, isto é, uma devolução da verdade ao inconsciente de onde veio, para que possa ser aumentada em efeito e poder. Há também a união dos opostos – o fogo e a água – e o resultado é uma água ígnea. A água batismal da Igreja é frequentemente chamada *aqua ignita*, uma vez que se diz conter o fogo do Espírito Santo e expressar a realidade total da verdade, a união das atitudes consciente e inconsciente. Se desejarmos interpretar isso mais de acordo com as ideias da Igreja, poderemos acrescentar que é sempre afirmado que cada verdade da Igreja Católica contém um mistério e só pode ser interpretada até certo ponto; existe sempre algo que não pode ser explicado em fórmulas e representações dogmáticas. A luz da vela representaria esse aspecto da Igreja que é desconhecido, reunido com outro aspecto. Pela qualidade simbólica, tanto a mente inconsciente quanto a consciente do participante são tocadas, dando à verdade uma dupla qualidade. É um símbolo de renovação da atitude.

As pessoas que se submeteram a uma longa análise não necessitam de uma análise tão completa de um sonho, como no começo; uma alusão é suficiente, a qual poderia ser um paralelo para a aspersão pelo borrifo da água sagrada (o *asperges*). Isso substitui a imersão no banho, o que é esteticamente um procedimento desagradável.

Durante as férias, vi um filme que mostrava os ritos batismais dos mandeanos (um povo que vive no território situado entre o Tigre e o Eufrates), onde existe um ritual em que todos os objetos domésticos têm de ser mergulhados num grande banho. É muito difícil não ver o aspecto pouco estético e divertido quando, por exemplo, um bode é empurrado para a água e todo mundo fica coberto de água e de lama. Como sabemos, o desenvolvimento na Igreja Católica foi no sentido de eliminar tais coisas em favor de aspectos mais diferençados, mas, por outro lado, se assistirmos ao banho primitivo não poderemos deixar de ficar impressionados pela estranha conduta nesse procedimento. As pessoas reúnem-se secretamente à noite e leem seu livro sagrado. É escavado um buraco e todos se banham, assim como todos os utensílios domésticos; depois há uma refeição ritualista. Embora não seja estético e se possa rir de alguns aspectos, o ritual representa, de fato, a emoção original, uma vez que ela está contida na cerimônia muito melhor do que nos rituais mais elaborados.

Não devemos esquecer que a imersão num banho é uma experiência somática definida. Após um longo período passado numa cabana nas montanhas, é refrescante e maravilhoso tomar um banho, o qual tem um efeito revigorante imediato, não experimentado num banho cotidiano. Em psiquiatria, o banho é usado para ajudar nos estados catatônicos mais leves e nas depressões, porquanto a massagem e o banho exercem um efeito reanimador sobre o corpo e a circulação do sangue.

Passemos agora ao motivo de comer flores, outro e estranho tema dos contos de fadas. Na história de Apuleio, *O Asno de Ouro*, o herói é convertido num asno e só pode ser redimido comendo rosas. O autor retirou esse motivo do folclore. O tema do ser humano que se converte em animal e só pode ser redimido comendo flores aparece em todo o mundo. As flores podem ser lírios, não necessariamente rosas, dependendo do país onde a história é contada. Uma história alemã simples relata que um homem corteja a bela filha de uma feiticeira e parte para a guerra. Mãe e filha decidem que ele foi infiel e, no seu regresso, transformam-no em asno. Ele é obrigado a transportar os sacos de farinha do moleiro por muito tempo, até que um dia, quando passava diante da casa da feiticeira, surpreende a filha perguntando à mãe se não deveriam devolver-lhe a forma humana, e fica sabendo que se ele comer lírios voltará a ser humano. Assim faz e é transformado. Ele apresenta-se, então, nu diante do povo e explica o que lhe aconteceu. Essa é a versão original e simples em que se baseia a história de Apuleio.

Em primeiro lugar, cumpre-nos examinar o que significa para um ser humano ser convertido em animal. Diferentes animais têm diferentes comportamentos instintivos; se um tigre se comportasse como um esquilo nós o consideraríamos neurótico. Para um ser humano, ser transformado em animal significa estar fora de sua própria esfera instintiva, alienado dela, e devemos, portanto, atentar para o animal específico em questão. Vejamos o caso do asno: este é um dos animais do deus Dioniso. Na Antiguidade, ele era considerado um animal muito sensual, conhecido também por sua perseverança e pretensa estupidez. É um dos animais de Saturno e tem as qualidades saturninas. No fim da Antiguidade, Saturno era considerado o deus dos judeus e, nas disputas entre cristãos e não cristãos, tanto os cristãos como os judeus eram acusados de adorar o asno. Por conseguinte, ser transformado em asno implicava ser dominado por tais qualidades, isto é, ter caído sob o impulso de um complexo específico que impõe tal comportamento. Na história de Apuleio, é obviamente o impulso sexual que está em primeiro plano. O homem desfrutou de uma aventura sexual com uma copeira e afogou-se em prazer sensual. Depois, há o aspecto de melancolia associado a Saturno.

Depressões e melancolia são, com frequência, o disfarce de uma cobiça tremenda. No começo de uma análise, observa-se repetidas vezes um estado depressivo de resignação – a vida não tem sentido, não há sensação de vida. Um estado exagerado pode redundar em completa impotência. Pessoas muito jovens dão a impressão de terem a resignação de um velho ou velha repleto de azedume. Quando nos aprofundamos em tal estado de ânimo sombrio, descobrimos que existe, subentendido nele, uma cobiça irresistível e desmesurada – de ser amado, de ser muito rico, de ter o parceiro certo, de ser o chefão etc. Por trás dessa resignação melancólica, descobriremos frequentemente, na escuridão, um tema recorrente que torna as coisas muito difíceis, quer dizer, se dermos a tais pessoas uma ponta de esperança, o leão abre a boca e temos de recuar; depois elas se fecham de novo, e assim por diante, ora avançando, ora recuando. É tudo ou nada. As pessoas oscilam entre a depressão resignada, por um lado, e a revelação de exigências tremendas, por outro. Isso é típico da *nigredo* dos alquimistas, com os símbolos de negras brumas e corvos esvoaçando sobre elas e, dizem os alquimistas, "todos os animais selvagens desfilando". Também na fase tradicional da *nigredo* para a *albedo* temos a transição de todos os animais selvagens que vão surgindo, um grupo após outro: sexo, poder, impulsos infantis etc.

Assim, ser convertido num animal não é viver de acordo com os próprios instintos, mas ser parcialmente dominado por um impulso instintivo unilateral que perturba o equilíbrio humano. Ora, torna-se mais difícil se, como acontece frequentemente num conto de fadas, uma pessoa que não é o herói, digamos, a *anima*, é a figura transformada em animal que tem de ser redimida pelo herói. No conto dos irmãos Grimm. "O pássaro dourado", o herói é sempre acompanhado e ajudado por uma raposa que lhe dá os conselhos e o apoio certos. Após o feliz casamento do herói com a princesa, a raposa aparece um dia e pede para ser degolada e ter suas patas cortadas. O herói se recusa. A raposa retira-se, mas depois reaparece e faz o pedido novamente. Com um profundo suspiro, o herói concorda e a raposa converte-se num belo príncipe que vem a ser irmão da princesa e estar agora redimido.

Se sonhamos que não nós mas outra figura tinha sido transformada num animal, a hipótese seria, então, de que o complexo do ego fora sobrepujado por outro complexo. Suponhamos que um homem sonha que uma mulher a quem ama, sua figura de *anima*, é transformada num cão preto; ou seja, a *anima*, que deveria ter um campo humano de experiência, uma expressão humana (a vida interior que atingiu um nível humano), foi dominada por um impulso, regrediu para uma forma pré-humana de expressão por meio da influência de complexos interiores.

A *anima* seria personificada por um ser humano e todas as reações da *anima* do homem – estados de ânimo e emoções, a forma e o tom através dos quais ele atrai outras mulheres – estão, no início, no nível de uma mulher humana. Mas, depois, uma feiticeira ou um mago amaldiçoa a *anima*, transformando-a num cão preto, o que significa que outro complexo inteiramente inconsciente contaminou a *anima* com o seu conteúdo, exercendo uma influência destrutiva e perniciosa sobre ela. Na região do limiar da consciência, nada se pode fazer até que o ego possa interferir; portanto, um animal amaldiçoado necessita da ajuda do herói para libertar-se do seu estado, isto é, não pode libertar-se sozinho. Nos contos de fadas europeus, o mago representa geralmente o aspecto sombrio da imagem de Deus que não foi reconhecido no consciente coletivo. O mago tem todas as características de um sombrio deus pagão, talvez Wotan, ou um *troll*, ou um demônio da montanha, ou alguma outra imagem céltica pré-cristã de Deus. Podemos dizer, portanto, que tais deuses representam um aspecto da imagem de Deus que não foi conscientemente aceito e assim viveu uma vida sombria, envolta em trevas; ele tem uma *Weltanschauung* inconsciente, um ponto de vista ou filosofia de vida, que influencia a *anima*. A *anima* de um homem tem, frequentemente, uma *Weltanschauung* e isso, para os homens, é difícil de entender.

Um homem pode descrever sua própria *anima* muito bem e conhecer as reações dela; porém, o que é complicado é que tal *anima* não é apenas uma expressão de estados de espírito e de sentimentos, mas contém a *Weltanschauung* e possui padrões éticos. Se a sua *anima* é atraída para mulheres ou moças belas e desinibidas, então ele entenderá que sua vida sentimental tem a qualidade de encarar a vida de um modo natural e não é tão inibida quanto a sua mente consciente, mas o pior é que, se ele tentar aproximar-se do complexo da *anima* jovem, isso impor-lhe-á o problema da *Weltanschauung*, o qual poderá desafiar sua atitude consciente. Se um homem descobre que sua *anima* quer sempre que ele seduza mocinhas, então a *anima* não só é a expressão de um estado de espírito, mas tende para atos e pensamentos que estão em contradição com a *Weltanschauung* do homem e ocasionam um problema tremendo. Ele pode aceitar o amor da beleza e da vida jovem, mas não pode aceitar o que teria de fazer se seguisse a *anima*.

Assim, a *anima* é a portadora de uma *Weltanschauung* diferente. Em nossa sociedade, ela é frequentemente pagã; ama a beleza da vida, a beleza da natureza em sua forma que transcende o bem e o mal, sendo essa a sua *Weltanschauung* – e esse é o problema peculiar. A *anima* desafia toda a atitude consciente do homem. A verdadeira dificuldade é que sua *anima* foi influenciada por outro complexo, e ele deve enfrentar primeiro o mago e suas influências negativas, e dizer: "Eu tenho uma *Weltanschauung* e minha alma tem outra". Como o problema da *Weltanschauung* é muito mais sério para o homem do que o problema do sentimento, é aí onde os homens têm sua maior dificuldade.

A suposição de que existe outro complexo por trás da *anima* é provada pelo fato de que, em sonhos, a *anima* aparece frequentemente como tendo outro amante e, nesse caso, o homem possui sonhos de ciúme. Isso é uma espécie de representações do inconsciente de que a *anima* está vinculada a outro complexo no inconsciente, e é preciso distinguir o que é a *anima* e o que é o outro complexo.

Vejamos o exemplo de um homem que em sua vida consciente não é ambicioso, mas um tipo indolente e pacífico que não quer trabalhar demais; porém, ele possui uma sombra ambiciosa, que não é vista por ele conscientemente, por meio da qual ele sempre se apaixona por mulheres que prometem fazer dele um grande homem. Por causa de sua ambição inconsciente, ele sempre se apaixona por aquelas mulheres que recorrem ao famoso estratagema de agarrar homens prometendo ser uma *anima* inspiradora que lhe dará asas com que voar para o topo. Tal homem pode sonhar que sua *anima* partiu com um sujeito muito ambicioso e desagradável. Ela foi contaminada por sua ambição. Assim que ele compreende sua ambição, deixa de se apaixonar por tais mulheres. Essa era a sua ambição inconsciente e pôde enfrentá-la. Mas se a *anima* tem uma *Weltanschauung*, é porque ela está contaminada por um dos complexos masculinos. A *anima* num homem é um impulso para a vida, ou para fora da vida. Ela enreda-o na vida e desenreda-o dela, mas a *anima* não tem *Weltanschauung* definida ou, se a tem, é paradoxal – sim e não. Aqui, uma *Weltanschauung* é uma tendência no inconsciente que não pode ingressar na consciência e, portanto, opta por apossar-se da *anima*. Implica sempre um complexo por trás de outro, de modo que é mais direto falar da *Weltanschauung* da *anima*. Ela é representada como a infidelidade da *anima*: foge com outro homem – uma característica inconsciente que lhe é própria – sem que ele o perceba. Vem, então, o problema de que a *anima* tem de ser libertada da influência destrutiva e o mago deve ser morto.

Nos contos de fadas europeus, a *anima* está nas garras do demônio e, então, o herói e a *anima* precisam fugir dele até estarem a salvo – ele tem de subtrair sua *anima* da influência diabólica do inconsciente.

A pergunta seguinte é esta: Por que o mago joga uma pele de animal sobre a *anima*? Quando ele a amaldiçoa, é isso o que o mago faz, e encontraremos, então, um cão preto em vez de uma bela dama. Sob a pele do animal está um ser humano sofredor, mas quando penetramos o inconsciente podemos encontrar primeiro um cão preto.

Na história do asno, a bruxa lança a pele sobre o próprio herói. Podemos enfeitiçar as pessoas atirando e lançando sobre elas uma pele de animal. Em "Os seis cisnes" dos irmãos Grimm, a irmã tem de fazer camisas que precisam ser terminadas num certo prazo, a fim de serem vestidas pelos irmãos que, assim, voltarão a ser humanos. Mas, como uma das mangas não foi concluída a tempo, o irmão caçula fica com uma asa. Por conseguinte, um ser pode ser redimido ou amaldiçoado quando se lança sobre ele uma pele. Lançar uma pele sobre alguém é outra maneira de aplicar a maldição. Praticamente, isso significa que um complexo da psique, que tem meios humanos de expressão, está tão despotencializado que dispõe apenas de meios animais de expressão. Existe sempre uma razão, mas algumas vezes ela é diretas, e outras, indiretas.

Há, frequentemente, relacionado com essa "impulsividade" um complexo, de cuja expressão a pessoa fica privada. Podemos saber exatamente o que queremos dizer acerca de um problema quando estamos sozinhos; temos uma ideia bem clara a respeito, porém, quando nos vemos na situação concreta, somos sobrepujados pela emoção e podemos apenas gaguejar ou fazer um sinal; estamos privados da expressão humana. Se brigamos com alguém, no momento em que começamos a falar, não somos capazes de dizer uma só palavra porque a nossa consciência ética nos detém e comportamo-nos literalmente como asnos, podendo apenas dizer "hum-hum". Isso leva à famosa redação de cartas, pois, assim que o analisando volta para casa, dá-se conta do que queria dizer, mas na hora pôde apenas dizer "hum-hum", ficou estúpido e comportou-se de maneira embaraçada, ou disse coisas de um modo confuso. Esse é o efeito entorpecedor da emoção.

Nesse caso, aquilo que é potencialmente humano em nós é, devido à interferência de outro complexo, rechaçado para as emoções, o estado animalesco de expressão. Geralmente, isso é causado, direta ou indiretamente, por um preconceito existente na atitude consciente do ego, uma atitude errada do ego que não dá à pessoa nenhuma oportunidade para expressar-se de forma adequada. Ela não possui ouvidos abertos para o que a *anima* poderia ter a dizer. Tais pessoas poderão dizer da *anima*: "Nada mais do que sexualidade".

Se pensamos na *anima* como sendo "nada mais do que" sabemos sobre ela, não possuímos a receptividade de uma atitude de escuta e, assim, a *anima* torna-se "nada mais do que" uma carga de emoções brutais; nunca lhe demos uma oportunidade de expressar-se e, portanto, ela tornou-se inumana e brutal. Foi por isso que o dr. Jung introduziu a imaginação ativa como um meio de falar com o complexo: convida-se o cão preto para o nosso quarto e fala-se com ele, escutando atenta e cuidadosamente o que ele diz. Veremos, então, que a sobrecarga desaparece e é substituída por um ser relativamente humano com quem podemos falar, e descobrimos que esse é o mago. O ser humano rejeitou até aí a *anima*, e o mago aproveitou-se disso para desforrar-se. É como matar a esposa ou o filho para magoar outra pessoa. Podemos dizer, num caso como este, que o ego bloqueou, em algum lugar, um complexo em favor de outro; então, a pessoa é enfeitiçada como por um ato de vingança. Se é uma *Weltanschauung* pagã que está por trás da *anima*, o homem teria de questionar e apurar o seu próprio ponto de vista: "Por que tais ideias existem na minha alma?". A influência sobre sua *anima* cessará então e ele verá que ela é em si mesma inofensiva.

Lembro-me de um homem que era conscientemente muito racional e recebera um grande choque em sua juventude, no período da puberdade. A mãe morrera de câncer, de uma forma lenta e horrível, e, quando rapaz, ele tivera de presenciar sua amada mãe agonizar lentamente diante dos seus olhos. De muito ativo e temperamental que era, ele tornou-se silencioso e seco, e desenvolveu uma semelhança com seu pai muito racional, com toda a sua crença na vida já vivida. O que ele não percebeu, mas foi revelado na análise por sonhos e visões, é que ele tinha chegado inconscientemente à conclusão de que Deus não existia: se um ser tão maravilhoso como sua mãe pôde ser inocentemente torturado até a morte por uma doença tão terrível, então Deus era responsável por isso. Ele não tinha o estofo de um filósofo religioso para formular tal reflexão, mas deduziu inconscientemente a conclusão e, daí em diante, essa ideia governou sua vida – isto é, "Eu sei que, de qualquer forma, o mundo é perverso e a vida má" – ao passo que sua atitude consciente era de ceticismo racional.

A primeira aparição nos seus sonhos foi a de uma *anima* tremendamente vital, que mostrava a exuberância de uma antiga Vênus. Ele era incomodado por fantasias sexuais de natureza normal – por exemplo, uma mulher aparecia ao lado de sua cama, excitando-o, ou sonhava com festins dionisíacos. Na realidade, ele era, pelo contrário, uma pessoa ascética que não desfrutava da vida; numa reunião social, todos o evitavam, mas ele tinha uma *anima* com experiência e sensação pagãs. Instiguei-o a acompanhar essa *anima*, dizendo-lhe que se visse uma moça que correspondesse à imagem deveria fazer algo a respeito. Isso funcionou por algum tempo, mas, depois, nada mais. Foi um mecanismo neurótico que o paralisou ou foi alguma outra coisa? Segui as indicações dos sonhos, dizendo-lhe algumas vezes que telefonasse à moça e outras vezes que não o fizesse.

Uma vez, no fim de um semestre, ele apresentou-se com o seguinte sonho: Uma bela mulher nua, com uma aparência maravilhosa, acercou-se da sua cama com sinais e gestos, excitando-o sexualmente, mas desapareceu quando ele tentou agarrá-la. Depois, essa mesma bela mulher desceu uma escada carregando, como Moisés, uma tábua na mão onde apareciam as palavras: "Tu não podes me possuir". Eu fiquei tão desencorajada e perplexa que disse: "Sim, é assim mesmo". Mas, depois, ele compreendeu pela primeira vez o que era a *anima*! Na sessão seguinte, ele disse: "Na última vez, você fez um milagre! Agora entendo o que é a *anima*!". Minhas próprias reflexões eram de que eu não tinha estado cônscia de ter feito qualquer coisa, mas ele compreendera a natureza paradoxal da *anima*. Também entendeu que somente a ele cabia tomar a decisão e enfrentar o problema; e, de súbito, percebeu que tinha de fazer alguma coisa. Disse ele: "Para o inferno com essa *anima* e seu jogo duplo, vou trabalhar e me dedicar à pintura!".

Todas as suas imagens e visões interiores mostraram uma figura demoníaca, divina, atacando-o – o deus sombrio – e ele compreendeu que essa era a verdadeira causa de sua depressão. Ele sempre quisera ter tudo, entregara-se a esperanças pueris de encontrar a bela mulher, e depois refugiara-se numa atitude de resignação. Sua depressão era como a de um bebê frustrado. Agora, enxergou subitamente que por trás dela estava sua *Weltanschauung* pessimista, que não acreditava na vida nem em Deus, e que devia elaborar sua imagem de Deus. A terrível doença da mãe afetara-lhe o cérebro; ele viu até que ponto ela tinha sofrido e, dos sofrimentos dela, ele extraiu a conclusão inconsciente de que não havia psique. Toda a sua *Weltanschauung* teve de ser discutida detalhadamente, pois sua *anima* tinha sido desvalorizada para um tipo baixo de mulher que também era perversa, sendo sua perversidade causada pelo outro bloqueio, pois a *anima*, de um modo geral, é um ser moralmente indiferente. Embora ela tivesse atingido o nível consciente, o único modo que ele encontrara para abordá-la era muito primitivo, na forma de um grosseiro ataque sexual, isto é, como um animal. Por trás disso, ele tinha sentimentos muito humanos, mas não desenvolvera qualquer método para expressá-los. Ainda que pudesse amar uma mulher, não conhecia outro modo para expressar seu sentimento; sua *anima* estava dessa maneira enfeitiçada, pois suas ideias materialistas o dominavam.

Se acreditamos que o sexo é apenas uma questão de hormônios no corpo, então ele se torna uma coisa mecânica, como conduzir um carro, sem qualquer significado de uma relação psicológica de sentimentos. Esse homem foi punido por sua ideia errada de impotência temporária, dizendo seu corpo: "Se você pensa que sou apenas um carro, então o carro nunca mais funcionará!". A atitude consciente errônea produzira a impotência psicogênica. Conscientemente, sua atitude era que, se nos comportamos de modo adequado, temos todo o direito à felicidade humana, mas sua mãe tinha sido feliz e bem-comportada, e fora destruída de forma sádica, pois fora assim que ele sentira sua morte. Entretanto, conscientemente, ele ainda pensava que Deus era bom e que a vida lhe era devedora de felicidade. Não entendia por que não obtinha o que queria, pelo que chegou à conclusão de que as coisas eram diferentes *para ele*. Ele era aquele que nada tinha, e decidira enfrentar esse fato, desistindo de tentar extrair qualquer coisa da vida; o tampo de chumbo da resignação descera sobre ele e, com ele, um tremendo azedume, o qual suprimiu sua pretensão legítima ao sentimento. Nunca se colocara face a face com o que realmente pensava. Não era um tipo pensativo e estava resignado à ideia de que a vida era assim mesmo. Sentiu-se até culpado, acreditando que devia ser uma pessoa horrível, já que sua sorte era tão adversa. Assim, tinha chegado à noção de que Deus possuía um lado sombrio.

Temos de considerar que efeito exercerá sobre uma pessoa ter de aceitar o fato de que Deus não era o amistoso guardião de um jardim de infância! O próprio dogma cristão diz que Deus tem um aspecto incompreensível e, se pudermos entender isso, então seremos capazes de superar a ideia de que, se nos comportarmos bem, seremos forçosamente felizes. Esse homem superou o seu mecanismo infantil, tornando-se mais austero e triste conscientemente, mas muito menos amargo e melancólico. Por meio da compreensão da imagem sombria, ele adquiriu certa sabedoria. Até então, ele também tinha sido muito crítico no que concerne às reações humanas, porém, através da compreensão do lado sombrio de Deus e da situação precária do homem, tornou-se mais tolerante e compreensivo, percebendo que todos nós somos pobres-diabos debatendo-nos com uma difícil sina, cujo começo e fim ignoramos. Portanto, ele começou a aceitar as pequenas felicidades da vida, que podemos desfrutar muito mais se soubermos que a vida é difícil e sombria, e adquiriu certo senso de humor que não possuía antes.

No seu caso, poder-se-ia dizer: "O temor de Deus é o começo da sabedoria". Ele obteve algo relativamente equivalente a seu sonho porque pôde vislumbrar algo da beleza da vida e sua significação de um modo muito mais humilde, porquanto perdera sua cobiça infantil e a ideia de que algo lhe era devido. Uma de suas próprias figuras de sombra era um gângster, e se acreditarmos que tudo na vida é negativo, então a ideia da vida de gângster é a correta! Assim, estando conscientemente muito correto, ele sempre sonhou com a sombra-gângster, pois se a vida era tão corrupta, então devíamos apanhar uma pistola e apossarmo-nos do que pudéssemos! Ele tinha outra sombra que era um homem muito sensual, que vivia apenas para comer e beber. Essa era a figura que gostava de fazer amigos na vida exterior. Ele tinha um amigo que era um grande bebedor e um glutão, e que tinha a mesma *Weltanschauung* dele. Todos os seus complexos inconscientes eram influenciados pela imagem induzida pelo choque que sofrera e que produzira as imagens do gângster e do bebedor materialista, assim como sua atitude irritada em relação a inválidos, porquanto projetava nos outros a coisa que estava mutilada em sua própria alma.

CONFERÊNCIA 4

Na conferência anterior, examinamos o que significaria se um conteúdo do inconsciente coletivo fosse transformado num animal, e detivemo-nos nesse exame porque, em nossa história, tivemos de descobrir primeiro por que a figura da *anima* é transformada, ou enfeitiçada, pela figura do ancião diabólico. Tentei explicar que a *anima* pode estar sob a influência de uma *Weltanschauung*, ou ponto de vista inconsciente, e que essa influência, que emana da alma do homem, pode afetar os outros complexos. Isso pressuporia que os complexos da psique humana não são apenas um aglomerado de partículas, mas que eles têm uma espécie de organização social entre si, que eles se influenciam ou se dominam mutuamente, e que sua centralização se deve ao arquétipo do Si-mesmo. Se isso é verdade, então é concebível que um influencie o outro, domine o outro, e que os complexos possam também fundir-se uns com os outros.

Por meio da história que escolhemos, mostramos o que significaria se um feiticeiro amaldiçoasse uma princesa, fazendo-a comportar-se de um modo maléfico. No caso em questão, a *anima* tinha sido amaldiçoada por um espírito da natureza de origem nórdica (um *troll*) que vive numa montanha (outros *trolls* vivem no mar).

Ainda não explicamos o motivo da pele de animal, mas quero primeiro chamar a atenção do leitor para algumas reflexões teóricas do dr. Jung a respeito da psique. Extraímo-las de seu ensaio intitulado "Sobre a natureza da psique".*

Jung tenta aí oferecer uma descrição daquilo a que gostaríamos de chamar de psique e compara-a com a escala cromática, o espectro com seus dois polos, o infravermelho e o ultravioleta. Diz ele que, naturalmente, seria possível afirmar que tudo é a psique, mas que ele prefere supor que existe um fenômeno como a matéria, a que *não* chamamos de psique, pois ainda que lhe esteja relacionada, não sabemos completamente de que modo isso se dá. Isso proporcionaria aos físicos um tema para estudo, que seria não psíquico. Outro conceito é o de espírito, que pode ser definido como aquele elemento que se apresenta na psique

---

* *Collected Works*, vol. 8, §§ 414ss.

como uma manifestação de ordem, e que poderia também aparecer do mesmo modo na matéria.

Sempre que temos um fenômeno de uma ordem significativa, pressupomos que é obra desse espírito. Não podemos provar que exista alguma coisa como o espírito, definimo-lo simplesmente por aquele elemento desconhecido que cria ordem. Tanto a matéria quanto o espírito não podem ser observados nem descritos diretamente. Como se sabe, a matéria é idêntica à energia, e ambas são um "X" para o físico, que pode descrever o comportamento da matéria, mas não pode definir o que ela é em si mesma. O mesmo acontece com o espírito, mas podemos observar na psique uma atividade que cria ordem e, portanto, pressupomos que algo é a fonte dessa atividade; esse algo é o que chamamos de espírito. A matéria no ser humano seria, então, o corpo, e o aspecto espiritual do ser humano seria a soma dos arquétipos, porque os arquétipos, de acordo com o nosso ponto de vista, são aqueles elementos desconhecidos que se manifestam como criadores de ordem no domínio psíquico.

Não confundam, por favor, um arquétipo com uma imagem ou símbolo; o arquétipo é o fator desconhecido que produz a imagem arquetípica. Aquilo que produz a imagem é apenas uma realidade pressuposta. Supomos que existe tal coisa porque algo deve produzir essa imagem, mas não podemos demonstrar que seja uma entidade em si mesma. A estrutura básica que cria as imagens é o que chamamos de espírito ordenador ou arquétipos.

Se observamos o comportamento de um animal, podemos apenas descrevê-lo de fora. Num livro sobre zoologia, podemos ler que as abelhas constroem seus alvéolos de certa maneira, a abelha-mestra comporta-se de tal e tal forma, e assim por diante. A atividade física do inseto ou de outro animal e seu padrão de comportamento são descritos, mas, se supusermos que tal comportamento é significativo para as abelhas, então projetaremos algo nelas. Podemos apenas dizer que esse é o modo como parece que elas se comportam e, até agora, não dispusemos de meios para ver como a coisa se apresenta do ponto de vista do animal. Ignoramos que espécie de emoção a abelha-mestra tem quando está produzindo seus ovos. Podemos supor muitas coisas, mas não é possível observá-las cientificamente.

Se observarmos os animais superiores, parece provável que tenham sentimentos semelhantes aos nossos. Discuti isso com Konrad Lorenz e ele diz que também está convencido disso, mas não pode prová-lo. Quem tiver tido um cão ou um dos animais superiores por algum tempo acredita que, quando estão executando qualquer de seus padrões instintivos de comportamento, eles experimentam sentimentos comparáveis aos nossos. Por exemplo, meu próprio cão, quando filhote, realizava todos os gestos de fazer um buraco, pôr nele um osso e revolver terra inexistente para cobri-lo. Feito isso, corria de um lado para o outro na sala por diversas vezes, manifestando prazer. Realizara de novo algo do seu padrão instintivo, e só posso dizer que o animal parecia tirar disso uma emoção agradável, mas não posso prová-lo. Até que ponto um cão visualiza ou forma imagens? Ele pode imaginar filhotes! O ser humano também pode ser acuradamente descrito e seu comportamento físico fotografado.

Lorenz vê constantemente um símio em nós e está interessado nas partes de nosso corpo que coçamos com uma ou outra das mãos, porque isso é um dos padrões mais conservadores do comportamento animal. A maioria dos animais tem um modo especial de coçar-se e certas áreas são sempre coçadas de uma forma particular. Nessas descobertas dos zoólogos, o detalhe interessante é que tais padrões de coçar são mais conservadores e preservados por mais tempo do que até mesmo os órgãos do corpo. A natureza pode mudar mais facilmente os órgãos do corpo do que o padrão de comportamento!

A esse respeito, Lorenz mencionou uma ave que perdeu as asas no decorrer do tempo e com elas, é claro, a capacidade de voar. A maioria das aves, no processo de se coçarem, eleva a perna sobre a asa; e essa ave, embora não tenha asas, ainda executa esse complicado movimento oscilante quando se coça, fornecendo, assim, uma prova que corrobora a teoria acima. Para os zoólogos é possível, inclusive, decidirem a que espécie um mamífero ou uma ave pertence por seu modo de se coçar. Os seres humanos também têm padrões definidos de comportamento, por exemplo, certos gestos feitos instintivamente quando tentamos desenvolver uma ideia. Boa parte do nosso comportamento ainda é derivada do reino animal. Poderíamos colecionar todos esses padrões que nos mostram em nosso comportamento típico, tal qual os animais fazem. Para nós, a diferença reside em que estamos na situação afortunada de poder observar o que se passa em nosso íntimo enquanto fazemos essas coisas; podemos observar-nos de dentro e de fora, coisa que não podemos fazer no caso de uma abelha-mestra ou de um cão.

Portanto, o dr. Jung estabelece a seguinte divisão: no corpo, temos instintos definidos como ações ou tipos de ações. Ao mesmo tempo, enquanto desempenhamos tais ações instintivas, temos imagens mentais, emoções etc., que vivenciamos "de dentro". Essas emoções, ideias e imagens mentais também são típicas e coletivas, tanto quanto os "modos" de ação. Às vezes, a ênfase de nossa experiência situa-se mais no domínio físico, na própria ação instintiva, e, outras vezes, mais nas fantasias e emoções que a acompanham. Por exemplo, podemos fazer alguma coisa no domínio físico e ficar tão inteiramente absorvidos nisso que não ocorre praticamente qualquer reação psicológica consciente. Em geral, quando comemos, temos sensações interiores, mas podemos ficar tão esfomeados que nos tornamos inconscientes até o momento em que ingerimos certa quantidade de alimento; então despertamos e sentimo-nos melhor – o símio em nós simplesmente agarrou e comeu. No começo, não tínhamos reações e estávamos absorvidos por completo na ação de comer, éramos puramente animais. Numa outra situação, quando nos sentamos à escrivaninha para pensar e escrever, estamos completamente concentrados nesse polo arquetípico, à parte talvez alguns gestos instintivos de coçar, com uma relativa inatividade no outro domínio.

Movemo-nos normalmente entre os dois polos. O sentimento de vida movimenta-se entre os dois, e a toda atividade vital nesse domínio chamaríamos de "psíquica", a qual incluiria a consciência mais o inconsciente. Esses dois polos têm uma conexão secreta. Podemos ver, por exemplo, sobretudo quando as pessoas realizam algo criativo, que uma ideia nem sempre surge diretamente em seu domínio, mas por meio de uma atividade do corpo. Se tentamos desenhar, a imagem pode começar completamente no domínio físico e só mais tarde ser representada no papel. Os analisandos podem, por vezes, expressar uma coisa somente por um gesto físico e, ao realizarem o gesto, eles concretizam o conteúdo psíquico; eles não sabem de antemão o que será expresso, mas têm de acompanhar o sentimento. Por outro lado, se num domínio houver uma inibição, talvez a impotência num homem, quando o instinto físico não pode funcionar, muitas vezes, ao serem claramente expostas as ideias que ele possa ter acerca da sexualidade – isto é, tratando a coisa simplesmente pelo aspecto das ideias – a outra esfera também pode ser posta em ordem. Elas são provavelmente um só fenômeno vital.

Não existe liberdade absoluta de escolha na vida de um indivíduo no que se refere a onde fazer recair a ênfase. Por exemplo, X apaixona-se por Y. Praticamente, haveria escolha quanto a decidir se a relação será mais vivida no nível platônico ou no físico.

O homem moderno tem a ilusão de que pode escolher se, por exemplo, viverá a ideia arquetípica da união dos opostos de uma forma física ou espiritual, ou no domínio intermédio em que ambas estão incluídas. Isso parece estar nas mãos do indivíduo. Mas se analisarmos os sonhos das pessoas que estão nessa situação, veremos que o inconsciente assume frequentemente uma postura muito definida acerca do nível em que isso deve ser vivido e estabelece tabus bastante claros contra uma ou outra esfera. Se o indivíduo comete um equívoco e decide viver o padrão num nível errado, toda a relação pode ir por água abaixo. Um indivíduo pode, por exemplo, decidir vivê-lo no domínio espiritual e tornar-se, por conseguinte, muito neurótico. O inconsciente toma a decisão definitiva – não é exatamente nossa própria escolha. Temos de vigiar os sonhos e sondar o caminho à medida que avançamos. Ocorre, por vezes, uma oscilação de um polo a outro.

Os equívocos que se cometem por não se possuir o equilíbrio certo podem ser reconhecidos por vários sentimentos, ou, então, se ocorrer um desvio pernicioso os sintomas neuróticos podem surgir. Por conseguinte, deve existir um fator regulador desconhecido que decide o nível ou o campo em que essas experiências devem ser vividas. É provável que esse centro regulador coincida com o centro regulador total do indivíduo, isto é, o Si-mesmo. Se aceitarmos essa ideia, fica claro, então, o que realmente significa amaldiçoar um ser humano transformando-o num animal; é um erro, um desequilíbrio acentuado a favor do polo corporal, isto é, o polo infravermelho. Algo que deveria ser vivido mais no campo psíquico ou espiritual é obrigado a ser vivido segundo o padrão animal. No caso de um animal de sangue quente, se um conteúdo do inconsciente é representado como tendo de se comportar à semelhança de um animal, e não deveria fazê-lo, isso significaria que existe um conceito psicológico que deveria ser vivido no domínio intermédio, mas que, por certas razões específicas, foi forçado na direção de um dos polos; essa é a perturbação que tem de ser corrigida.

Os contos de fadas representam isso como um ser humano sobre o qual foi lançada uma pele de animal, de modo que existe somente uma expressão animal de comportamento. Pode-se perguntar por que isso deve ser assim. Em casos práticos, tais desvios infelizes acontecem geralmente porque, no domínio consciente, o indivíduo tem uma concepção de vida que não concorda com sua própria estrutura, sendo por isso que a psicoterapia pode ser útil em tais casos. Corrigindo a atitude consciente, o desvio pode ser sustado e os valores gerais do indivíduo podem ser recuperados.

Por uma maldição, o indivíduo pode ser transformado num animal de sangue quente ou frio, ou num pássaro que voa para longe e não pode ser apanhado. Os pássaros, em geral, por causa de sua facilidade de evasão, constituem fantasias ou conteúdos espirituais da psique; daí a ideia de que as almas dos mortos têm asas e podem aparecer na forma de pássaros. Portanto, se alguém é transformado em pássaro, podemos afirmar que algo está sendo expresso somente como uma ideia, quando deveria existir uma experiência humana total.

As pessoas tendem a ter concepções da vida e da realidade que, em geral, bloqueiam um ou outro polo. Se a pessoa é ascética, ou um monge cristão, então ela tenta bloquear o polo do corpo, o qual não deve ser vivido. Poderá ir até o limite da experiência, mas, daí em diante, é um tabu. Se a pessoa for um comunista materialista, bloqueará o polo espiritual, pensando que não existe algo como a psique, que o homem e o sentido da vida individual são uma trapaça; consistimos somente num corpo e em certas reações típicas. Nesse caso, o polo arquetípico é bloqueado por um preconceito ou uma decisão consciente de que as coisas são assim mesmo. Se não somos punidos com uma neurose, então temos uma *Weltanschauung* que concorda com a nossa organização; mas se formos punidos pelo desassossego etc., então teremos de descobrir se estamos vivendo como devíamos. Esses são os extremos de atitude pelos quais podemos ver os dois polos. A maioria das pessoas vive entre os dois. Se algo é bloqueado em algum lugar e se um ser espiritual quer algo, pode-se sonhar que um fantasma gostaria de entrar num outro corpo, de ser reencarnado num outro ser, em cujo caso podemos supor que existe um conteúdo ativado num lado da escala que quer entrar na esfera do humano.

Há uma história chinesa de fantasmas acerca do espírito do suicídio. Alguns camponeses chineses acreditam existir um espírito de suicídio e que esse demônio, depois de matar uma pessoa, passa para outra. Entre crianças ou povos primitivos, se uma criança ou pessoa comete suicídio há o perigo de uma reação em cadeia e centenas podem ser contaminadas pela mesma ideia. Assim, os chineses falam do demônio do suicídio que tenta induzir pessoas à autodestruição e que ronda com uma corda na mão. Conta-se a história de um soldado que, quando dava um passeio, olhou por uma janela e viu uma mulher de olhar muito triste sentada ao lado de um berço onde havia uma criança. A mulher parecia estar desesperada, mas o soldado não sabia por quê. Ele olhou para cima e viu no teto o demônio do suicídio balançando uma corda em frente à mulher. Viu como os olhos da mulher se erguiam para a corda e percebeu o que aconteceria em seguida. Dessa maneira, ele entrou na casa e atacou o demônio, mas este era um fantasma, de modo que o soldado apenas bateu com o próprio nariz contra uma parede em vez de acertar o demônio e perdeu muito sangue. De qualquer forma, o sangue humano pareceu ser sortílego, pois nesse momento o demônio gritou e desapareceu. O soldado descobriu, então, que a corda com que o demônio atraía as pessoas para o suicídio transformara-se num cordão de carne vermelha em volta do seu braço, tornando-se parte da sua própria carne. O soldado foi, então, premiado como um grande herói.

Neste caso, é como se um impulso psicológico autônomo de qualidade mental ou racional tivesse detido sua atividade destrutiva apenas quando entrou em contato com a alma do ser humano, por intermédio do seu sangue e da corda que envolveu seu braço e se tornou carne. Isso é, evidentemente, um símbolo do Si-mesmo. A atividade destrutiva do símbolo do Si-mesmo é sustada e substituída por sua qualidade curativa.

Quando as pessoas estão num estado de ânimo suicida, elas projetam na morte a percepção do Si-mesmo e essa projeção serve-lhes de sustentáculo para cometerem suicídio. Elas pensam que terão paz e estarão livres de conflitos etc.; quer dizer, projetam o Si-mesmo na morte. A ideia suicida é um aspecto destrutivo do próprio símbolo e na luta com o soldado transformou-se e sua atividade destrutiva subsequente foi sustada. Sua atividade futura decorreria da compreensão do Si-mesmo e é por isso que o soldado torna-se o grande herói, pois a destrutividade da corda foi abolida. Esse é o símbolo da coisa circular. Foi ativada num domínio e quis entrar na esfera das relações humanas. Se resistimos e bloqueamos, e dizemos não acreditar em tais coisas, então a influência destrutiva envenena o efeito do conteúdo arquetípico ativo tão gravemente quanto se reprimíssemos um instinto físico genuíno por meio de certos preconceitos.

[Neste ponto, é suscitada a seguinte questão: Por que o tratamento físico afetaria a psique?]

Nos estados catatônicos, o tratamento com drogas como a mescalina pode melhorar temporariamente a condição do paciente. Desfaz-se o bloqueio por meio do choque e a coisa toda começa a fluir. Após um choque elétrico, as pessoas tornam-se novamente fluidas. O único fato que conheço a respeito do tratamento físico é que, depois de se ter desbloqueado a coisa por esse meio, se um processo digestivo tem lugar na psique, então poderemos falar de uma cura que principiou no lado físico. Caso contrário, teremos o processo do "eletrochoquista" habitual. Há pessoas que não podem passar sem isso. Para elas, é como tomarem ópio. No hospital psiquiátrico Burghölzli, em Zurique, há estatísticas a respeito dos esquizofrênicos mandados de volta para casa após o tratamento de choque e sobre os que receberam psicoterapia após o choque, mostrando com que frequência cada classe de pacientes retorna ao hospital. Isso foi feito por um período que agora já supera os dez anos e mostra claramente que os pacientes que recebem tratamento psicoterapêutico não voltam tão frequentemente quanto os outros. Portanto, vê-se que a coisa importante é a digestão psicológica do efeito. Se digerimos o que experimentamos, isso é útil; caso contrário, nada de definitivo acontece.

Perguntaram ao dr. Jung se não seria possível administrar mescalina aos comunistas para que eles deixassem de negar a realidade da experiência espiritual. Sua atitude foi a de que, se existisse uma invasão do conteúdo inconsciente, que é o que acontece com o uso da mescalina, ela não teria nenhum efeito caso não pudesse ser digerida. Portanto, não desejamos que tal coisa aconteça porque acreditamos que o inconsciente sabe quanto transmitir à pessoa. Se os pacientes não têm sonhos arquetípicos, eles se mantêm, então, distantes do inconsciente, pois isso mostra que não há nenhuma capacidade para digeri-lo.

Eu diria que qualquer tipo de tratamento físico é aceitável, a menos que ocasione danos. Pacientes que tiveram tratamento de choque tendem a renunciar à esperança de que possam enfrentar por si mesmos a sua própria doença; isso desencoraja-os de pensar que podem fazer alguma coisa em seu próprio benefício e, após o tratamento de choque, temos de combater essa atitude. Devemos dizer: "Não, desta vez é você quem tem de lutar". Eles se mostram muito mais desencorajados do que se os tivéssemos tido em terapia desde o começo.

Temos observado frequentemente que o instinto de luta e a capacidade para digestão, ou a atitude de desejar digerir, foram debilitados por meio do tratamento físico. Só devemos usá-los com grande circunspeção e cuidado, e quando não existe outra possibilidade, por exemplo, nos casos de catatonia. É melhor do que nada, mas os perigos devem ser levados em conta e, numa outra oportunidade, o paciente deve tentar enfrentar a coisa e não ficar excessivamente dependente do choque. A capacidade de sentir esperança faz uma tremenda diferença. Significa a pessoa dar-se a si mesma uma oportunidade. A terapia de choque é sentida como uma exclusão da "graça de Deus".

Penso que, numa civilização cujas linhas dominantes são as religiões budista e judaico-cristã, é provável que certos instintos sejam reprimidos para o nível animal, já que existe uma tendência para destituir certos aspectos; por exemplo, a *anima* aparece como um animal porque não é aceita. Existem histórias que confirmam isso. Há uma história irlandesa a respeito de sereias que, antes de os missionários cristãos chegarem à Irlanda, eram seres humanos e filhas de um chefe de piratas. Quando eles chegaram, o pai decidiu que suas filhas não deveriam ser as noivas dos missionários, de modo que elas desapareceram no mar como sereias e desde então não fazem outra coisa senão atrair os homens para a desgraça. Neste caso, há claramente uma regressão da *anima* à forma animal. Mas, em contrapartida, há o fato de que em civilizações muito primitivas, onde sabemos que não existe semelhante preconceito contra o corpo, encontramos a mesma coisa, ou seja, seres humanos enfeitiçados e transformados em rãs ou serpentes. Isso pôs em dúvida a minha tese por algum tempo e tive de averiguar como a coisa funcionava.

Se estudarmos a estrutura geral de tais situações primitivas, veremos que os primitivos têm tantas probabilidades quanto nós de cometer o mesmo engano, isto é, de interpretar algo como psicológico quando é físico e vice-versa. Existem animais sábios e animais comuns, e eles estão incertos sobre quem é quem. Essa incerteza sobre o que deve sobreviver parece ser uma condição humana geral. Há uma possibilidade muito grande de erro e de incerteza quanto ao nível em que certos impulsos têm de ser vividos e classificados. Pode acontecer que um caçador primitivo abata um urso e depois descubra, horrorizado, que abateu um espectro ancestral. Ele não vivenciou com suficiente rapidez as implicações psíquicas. Penso que isso deve estar relacionado com o fato de que não apreendemos conscientemente o limiar de nossas reações instintivas; somos sempre propensos a guardar em nosso íntimo reações limítrofes, como uma pequena dúvida ou um pequeno impulso para não fazer coisa alguma. Se os impulsos não são muito fortes, inclinamo-nos a deixá-los de lado, de um modo unilateral, e assim ferimos um animal ou um espírito dentro de nós. Fazemos isso, praticamente, de maneira constante, como fazem aparentemente até mesmo os primitivos, pois na paixão da caça eles esquecem. Dizem, depois, que sabiam que não deviam ter abatido o animal, que por breves instantes se esqueceram; e isso, imagino eu, é um fenômeno humano muito geral. O homem está condicionado a omitir seus instintos e seus impulsos espirituais por meio do fato de ter consciência.

Na última conferência deixei um ponto por resolver. Levantei uma questão acerca de um ser humano que tinha sido enfeitiçado e convertido num tigre, e disse que o instinto humano não seria o de comportar-se como um tigre. Portanto, o que significaria um impulso que aparecesse num sonho como um lobo ou um tigre? Nesse caso, um conteúdo psicológico teria sido erroneamente empurrado para o lado do corpo e pervertido, de modo que teria deixado de ser tipicamente humano.

É fato que, se um impulso oriundo de uma ou de outra esfera vem à tona e não é vivenciado, então volta a descer e tende a desenvolver qualidades anti-humanas. O que deveria ter sido um impulso humano torna-se um impulso tigrino. Por exemplo, um homem tem um impulso de sentimento para dizer algo positivo a alguém e bloqueia-o por meio de alguma inibição.

Ele poderia, então, sonhar que atropelou uma criança com o seu carro; teve um impulso espontâneo do sentimento no nível de uma criança e sua intenção consciente o esmagou. O humano ainda está ali, mas como uma criança ferida. Se ele continuasse a fazer isso habitualmente por cinco anos, sonharia não mais com uma criança que foi ferida, mas com um zoológico repleto de animais ferozes e enraivecidos numa jaula. Um impulso que é repelido recebe uma carga de energia e torna-se inumano. Esse fato, segundo o dr. Jung, demonstra a existência independente do inconsciente.

Ninguém viu o que é o inconsciente; é um conceito, não uma entidade ectoplásmica em algum lugar no espaço. Se algo me vem à mente, vindo do inconsciente, um momento depois poderá cair abaixo do limiar da consciência: sei que o homem é o Sr. Fulano, um minuto depois esqueci o nome dele e mais tarde volto a recordá-lo. Portanto, podemos pressupor que o que é inconsciente é aquilo que não está associado à consciência do ego. Se observamos um conteúdo que depois desaparece por breve período de tempo no inconsciente, ele não é alterado quando ressurge, mas *se esquecermos alguma coisa por um longo período de tempo, ela não retorna na mesma forma*; ela progride ou regride autonomamente na outra esfera e, portanto, podemos dizer que o inconsciente é, em si mesmo, uma esfera ou entidade. É realmente algo como um líquido no qual os conteúdos são transformados; podemos até ver quando um conteúdo surge numa forma má e dizer por quanto tempo ele esteve reprimido e, por conseguinte, passou a ser suspeito. Podem aparecer severas repressões num sonho, como um cadáver de odor desagradável num cemitério, que precisou ser exumado. Algo foi reprimido por tanto tempo que se desintegrou e se decompôs na terra. Indiretamente, portanto, podemos dizer que a psique inconsciente é uma realidade autônoma.

Se uma pele de tigre, de lobo ou de urso é jogada sobre um conteúdo da psique, o tipo de animal escolhido expressa simplesmente a forma como tal conteúdo, embora não devesse, tende a se comportar, pois esse conteúdo deveria ser humano. Algumas pessoas têm um afeto selvagem e podem sonhar que são tomadas de fúria. Enquanto sonharem com um urso real teremos de ser pacientes, mas se a mesma pessoa sonha com um ser humano que se comporta como um urso, então teremos de dizer: "Não, você deveria ser capaz de comportar-se de um modo humano". Isso pode ter sido impossível antes, mas agora devem ser capazes de controlar sua fúria, é errado para um ser humano comportar-se como um urso! No começo, o conteúdo apresenta-se como um animal real e se o sonho mostra um animal que pode falar ou fazer coisas como um ser humano, então o conteúdo pode ser assimilado no nível humano. Mas se o sonho fala do homem que é tomado de fúria ou que veste uma pele de urso, poderíamos dizer que, agora, aquele que sonha deveria defender-se de maneira humana, em vez de tornar-se selvagem.

O próprio fato de que os contos de fadas falem de uma pessoa que é enfeitiçada mostra que sua condição animal já não é legítima. Alguns pacientes, por exemplo, fazem cenas histéricas e sabemos que temos de suportá-las porque eles são forçados a comportar-se desse modo; mas então, de súbito, começamos a sentir que tal comportamento já não é legítimo, que foi atingido agora um estágio em que tais cenas deveriam acabar. Com muita frequência, as pessoas contraíram um mau hábito e, pelo fato de o mesmo ter sido aceito pelo analista por certo tempo, continuam com ele, mas chega o momento em que temos de dizer a esses pacientes que devem soltar a pele de animal, embora antes a tivéssemos aceito plenamente. Assim, é uma questão de *timing* e neste ponto chegamos a um dos problemas cruciais do motivo da redenção: o problema do tempo. Para sermos menos teóricos, narrarei a vocês uma versão resumida do conto russo, um tanto longo, intitulado "A rã que era filha do czar".

Um czar russo tinha três filhos e, quando eles cresceram, disse-lhes que tomassem de um arco de prata e uma flecha de cobre e a atirassem o mais longe possível; onde quer que as flechas caíssem, aí estariam suas noivas. O filho mais velho obteve a filha de um czar; o segundo, a filha de um duque; e em cada caso o filho casa-se com a moça que trouxe de volta a flecha de cobre. O filho caçula atira e a flecha cai num pântano e uma rã devolve a flecha e insiste em casar com o rapaz. O velho czar diz que todas as suas futuras noras devem fazer bolos e que deve haver uma competição. O caçula dirige-se à rã e chora, mas a rã faz os melhores bolos. Depois, o linho tinha de ser tecido e a rã volta a ganhar, e a terceira prova era mostrar qual era a mais bela. A rã diz para o seu noivo: "Vai para casa, tem confiança em mim e verás. Quando começar a chover, deves dizer que tua noiva está se lavando, e quando trovejar e relampejar dirás que ela agora está se vestindo". Ele assim faz. Todos os outros riem e troçam dele. Mas a porta abre-se e eis que entra uma bela mulher, mais bela do que todas as outras.

No banquete, a antiga rã coloca uma parte do alimento em sua manga. As outras moças acham isso divertido, mas fazem o mesmo. Quando o alimento cai da manga da rã-princesa, transforma-se numa bela árvore com um grande gato preto que canta e conta histórias maravilhosas. As outras fazem a mesma coisa com o alimento, mas este voa para o rosto do czar, que fica furioso. O filho caçula está muito feliz com sua noiva redimida que já não é mais rã. Sobe para os seus aposentos e vê a pele de rã jogada no chão. Apanha-a e lança-a ao fogo. A noiva entra e diz que ele estragou tudo e que ela tem de partir, mas talvez ele a encontre de novo se for muito sagaz. O jovem resolve ir consultar uma bruxa famosa – a Baba Yaga – que lhe mostra o caminho. Assim, ele vai até o fim do mundo, para além do grande mar, e aí encontra sua noiva sentada num palácio de cristal, atrás de portões de ferro, de prata e de ouro, tomada de grande pesar. Ele a salva e escapam às perseguições do dragão que era o dono do palácio. Ela tinha sido amaldiçoada por seu pai e forçada a servir a esse dragão, mas agora está redimida. Nesse conto, como se vê, a grande catástrofe ocorre por meio da queima da pele da rã.

Outra história, italiana, conta o seguinte: O rei da Inglaterra casa-se com a rainha da Hungria e eles têm um filho que é chamado de Príncipe Porco porque veio ao mundo com a forma de um porco. Três fadas apareceram junto ao berço: a primeira dá-lhe boas qualidades morais; a segunda, beleza; mas a terceira diz que ele deve viver como um porco. Assim, ele vive a vida de um porco. Quando completa 20 anos, os pais querem encontrar uma noiva para ele e vão falar com uma pobre lavadeira que tem três belas filhas. A mais velha pensa que ganharia uma porção de dinheiro e, depois, poderia matar o porco, de modo que decide aceitar; mas ele vê a faca na mão dela e a mata primeiro. Com a segunda filha acontece a mesma coisa. A terceira filha, que é cândida e gentil, também concorda, mas não pretende matar o porco. É carinhosa com ele e quando sua sogra lhe pergunta que tal lhe parece estar casada com um porco, ela responde que as pessoas devem amar o que têm. À noite, o porco sempre despe sua pele e transforma-se num belo príncipe. Um dia os pais entram no quarto e veem a pele de porco no chão. Jogam-na ao fogo e a partir desse instante o príncipe está redimido. Nessa história, a queima da pele é o meio de redenção, ao passo que na primeira, a queima da pele quase termina em terrível catástrofe. Citei as duas histórias porque elas ilustram meios opostos de redenção, mas existem inúmeras destas histórias que se contradizem mutuamente.

Por conseguinte, temos as questões relativas ao método correto e ao significado de se queimar a pele de um animal. Isso deveria ser feito ou não? Sabemos que, para um ser humano, ter de andar dentro da pele de um animal subentende uma praga e um estado errôneo de coisas. Se fizermos uma comparação com fatos psicológicos, isso significaria que certo complexo, que poderia funcionar numa forma humana consciente, é arbitrariamente reprimido e, portanto, compelido a comportar-se de uma forma animal pervertida. Assim, poder-se-ia dizer que a pele do animal deveria ser queimada; mas numa das histórias não é esse o caso. Na primeira história, o príncipe nada fez e tem de cumprir sua parte como um ato de amor e de devoção. Na história do príncipe porco, a moça tinha feito isso e o ato final é a queima da pele.

Tudo parece indicar que é como se não fosse possível simplesmente jogar fora a pele, mas se exigisse um longo esforço na direção da consciência para habilitar o complexo a continuar funcionando de um modo humano. Eu diria que, em última instância, isso depende da maturidade da atitude consciente. Se esta estiver apta a integrar o conteúdo, a pele do animal pode ser queimada, caso contrário não pode. A maldição foi realmente causada por um preconceito que antes não foi elaborado até sua resolução. Enquanto a atitude consciente não tiver amadurecido e mudado sua postura em relação ao complexo, queimar a pele do animal não adianta nada.

Uma mudança na atitude consciente deve sempre ser elaborada primeiro por um esforço humano e com devoção humana. A causa da maldição não terá sido, de outra forma, removida e poderá sempre retornar; isto é, a puerilidade da personalidade consciente pode restabelecer a situação neurótica. Não é apenas uma questão da terapia dos sintomas, mas de desenvolvimento da personalidade consciente como um todo, pois, caso contrário, outro sintoma pode aparecer; portanto, o preconceito ou a estreiteza da atitude consciente tem de mudar e não só o sintoma atacado.

CONFERÊNCIA 5

Analisamos o tema da pele de animal, a qual na história italiana do "Rei Porco" foi queimada, acarretando assim a redenção do príncipe porco. Na história russa, por outro lado, quando o noivo queima a pele de rã da princesa, esta não é redimida, mas tem de deixá-lo, dizendo-lhe que ele estragou tudo e que agora terá de procurá-la de novo numa longa busca, o que o leva literalmente ao fim do mundo. Quando, enfim, a reencontra, a princesa diz que, se ele não tivesse chegado naquele momento, teria sido tarde demais.

Na primeira versão, a moça tinha dado ao príncipe porco, ao Rei Porco, muita devoção carinhosa antes de a pele ser queimada, ao passo que na segunda o noivo nada fizera antes. Portanto, obviamente, apenas queimar a pele parece não ser suficiente, pois que, antes ou depois, algum esforço adicional tem de ser feito.

Se examinarmos o simbolismo desse motivo, teremos de compreender primeiro o que a queima da pele de animal significa realmente. O fogo, em geral, refere-se à emoção. Existem amplos símiles para essa interpretação: quando uma pessoa está apaixonada, ela "está em chamas", a cólera é comparada a um "fogo devastador" etc. Em escala menor, se o fogo não é destrutivo, mas usado para cozinhar, pode simbolizar a atenção carinhosa, solícita, o que significaria participação emocional no problema. Se a pele do animal é queimada e destruída, poderíamos dizer, portanto, que é nesse momento que se ataca emocionalmente o complexo inconsciente. Isso tanto pode ser feito pela pessoa em seu próprio íntimo, como pode ser-lhe feito em análise, por exemplo, ou por um parceiro, sempre que ocorre um ataque emocional dirigido ao inconsciente de outra pessoa.

Em análise, é provável assinalar durante muito tempo a um analisando que algo está errado e deve ser esclarecido – se os sonhos apontarem nessa direção –, mas a compreensão não parece penetrar. Tem-se a sensação de que o analisando não a percebe na totalidade e precisa, por assim dizer, de um choque elétrico. Isso poderia acontecer através da vida, ou por meio do parceiro ou do analista. Isso não pode ser planejado de antemão, pois seria ridículo, embora se saiba que mais cedo ou mais tarde isso é inevitável, quando a pessoa não apreendeu completamente a coisa; subsiste como uma ideia, ou como uma coisa de escassa importância, e o modo como o complexo realmente funciona não é entendido. Por vezes, quando penso que devo fazer algo acerca de uma condição tão insatisfatória, então, nesse mesmo dia, o analisando chega e diz que acabou de receber tal choque de outra pessoa.

É como se a coisa tivesse avançado gradualmente até o ponto de ruptura, quando então a vida fornece o choque se a análise não o produz; é o momento de queimar a pele do animal. Em certas ocasiões, parece-me aconselhável aplicar, ou produzir eu mesma, o choque emocional, ao invés de esperar que ele atinja o analisando através da vida. Essa situação surge quando seria perigoso demais deixar a coisa ao destino, pois poderia acontecer algo que destruiria mais do que, nessa altura, poderia ser suportado; ao passo que se nós mesmos aplicamos o choque, fornecendo a nossa própria participação emocional, mantemos a situação sob controle e dentro de um quadro humano de referência.

Observando as reações da própria pessoa, podemos dizer quando uma emoção está se acumulando e devemos, então, pensar cuidadosamente se não seria melhor agir em vez de esperar que o choque venha de algum outro lado, com o possível risco de que o resultado seja pernicioso. Penso que, nesse momento, é sensato dar expressão aos nossos próprios afetos como um "presente de amizade", pois basicamente é um ato amistoso darmos a outro ser humano um afeto negativo – mas apenas se nós mesmos não estivermos obcecados por ele! Se o analista estiver obcecado por ele, então não haverá mérito algum em expressá-lo;

mas, se pudermos igualmente engolir seu afeto negativo, então há um problema ético. *Poderíamos* ser imparciais, mas, nesse caso, o parceiro é privado do calor imediato de uma espécie animal e inferior de participação. Nesses casos, ser cristão, compreensivo e imparcial não é bom; necessita-se de um tipo mais sutil de calor, pois estamos mais ligados e sentimo-nos mais humildes quando damos vazão à emoção imediata e proporcionamos à outra pessoa o afeto e a participação emocional que sentimos.

Dessa forma, podemos às vezes queimar a pele de animal e destruir a cegueira não pertinente, que é devida ao estado de obsessão da outra pessoa. Se temos suficiente empatia na relação, esse é, por vezes, o único caminho para ajudar a pessoa a compreender certos complexos. Antes ou depois, o problema tem de ser elaborado num outro nível, visto que, após o choque, pelo menos algumas das horas analíticas seguintes terão de ser dedicadas a ele, porquanto, como é natural, a outra pessoa censurar-nos-á por termos dado vazão a um afeto.

As coisas acontecem, por vezes, de modo inverso e o estado de obsessão é esvaziado de dentro para fora. O analisando pode comportar-se como um animal cego, obcecado por um conteúdo inconsciente, e podemos pensar que se trata de uma reação genuína. Mas, após certo tempo, o hábito de tornar-se emotivo começa a parecer algo teatral. Nesse momento, temos o complexo com a pele de animal por cima. Por vezes, somos levados a pensar que o analisando saiu dela de forma secreta, embora superficialmente o velho hábito permaneça. Agora poderíamos esmagá-lo e, com frequência, ouvimos o analisando dizer depois que sabia que a coisa deveria ter parado antes, mas não tinha forças para fazê-lo por si mesmo.

As crianças também têm, por vezes, hábitos infantis que, como é possível ver, foram quase superados, mas um impulso adicional é necessário para ajudá-las a dar o último passo. Isso significaria trabalhar primeiro no complexo e só depois queimar a pele do animal, enquanto o outro método seria aplicar primeiro o choque e depois queimar a pele. Podemos dizer, em ambos os casos, que existe uma separação entre o complexo e seu modo de manifestação, porquanto a pele do animal é um modo de expressão que *foi* genuíno, em seu tempo, mas tornou-se simplesmente uma expressão habitual e deixou, na realidade, de expressar o complexo. Isso pode ser observado às vezes com pessoas que têm fobias – digamos, um desejo de dispor as coisas de certa maneira numa mesa. No começo, elas são completamente impelidas a isso, mas, depois de certo tempo em análise, quando ainda conservam o velho hábito, somos obrigados a dizer-lhes que parem com isso. Teria sido impossível dizê-lo mais cedo, mas isso pode ajudar no final de uma análise, quando significaria a queima dos últimos remanescentes do complexo negativo, de modo que a energia até então concentrada no sintoma poderia ser transferida para outras atividades na vida.

No conto de fadas russo, a princesa desaparece de um modo específico. Ela aparece primeiro como uma rã e depois torna-se lentamente humana. Mas quando o noivo queima a pele, ela desaparece e ele tem de procurá-la de novo no fim do mundo, num palácio feito de cristal, numa floresta além do mar. Aí ele tem de atravessar um portão de ferro, um de prata e um de ouro, atrás dos quais ela está tecendo e chorando. Diz a princesa: "Se não tivesses chegado cedo, nunca mais me verias". Eis um motivo estranho, mas é uma situação muito típica que acontece frequentemente em histórias de redenção.

Na conferência anterior, tratamos do esquema de eventos psíquicos, ou vida psicológica, como comparável ao espectro com seus dois polos, sendo um deles (infravermelho) o corpo com seu equilíbrio instintivo, e o outro (ultravioleta) os arquétipos ou o espírito ordenador.

O pressuposto é de que os dois polos são provavelmente dois aspectos da mesma coisa, mas só podem ser descritos de um ou do outro ângulo. Poderíamos dizer que o ponto de unidade seria a realidade transcendente do ser humano. Na nossa história, a *anima* é constelada primeiramente nessa realidade. Ela não podia entrar de imediato no domínio psíquico. Por que não pôde ela manifestar-se ao príncipe num sonho? Por que teve de ir primeiro para um pântano e aparecer como uma rã? Por que não em forma humana? A história diz que foi porque seu pai a amaldiçoou; ignoramos por que razão, mas, provavelmente, tem relação com a *Weltanschauung* do ser humano como um todo. Se tenho uma atitude básica na consciência que torna impossível a certos conteúdos psíquicos penetrá-la, então eles devem fazer um desvio para chegar até mim. Se alguém é incapaz de perceber que existe uma coisa como essa, então o inconsciente não pode tampouco expressar o conteúdo. Na história havia um bloqueio contra a *anima*. Perturbações, sonhos e sintomas podem ser produzidos, mas o inconsciente não dispõe de meios para se fazer entender, se no consciente não houver uma atitude adequada para receber a mensagem.

Isso acontece nas civilizações onde existe certa limitação na atitude coletiva, tornando impossível à nova coisa manifestar-se adequadamente. Por exemplo, nos sonhos de modernos indígenas norte-americanos, como os que Paul Radin descreve em seus livros, e em rituais que só recentemente foram alterados, podemos ver como o inconsciente tenta mostrar aos indígenas um modo de se adaptarem à invasão da civilização branca. Esta tem sido uma completa catástrofe psicológica para os indígenas e eles não têm meios de adaptação; é algo com que não podem lutar. Em suas vidas oníricas, há uma tentativa no inconsciente para ajudá-los, mas sua *Weltanschauung* consciente é absolutamente incapaz de escutar de modo adequado, porque a maneira como eles interpretam os sonhos é concreta de modo absoluto e, portanto, não entendem os sonhos no nível correto, ou seja, psicologicamente. Necessitariam de um feiticeiro criativo, da sua própria tribo, para inventar um método novo de interpretação de sonhos e ajudá-los a compreender o que se passa no seu inconsciente. Também, neste caso, ocorre um bloqueio e, portanto, embora o inconsciente faça uma tentativa para sanar a dificuldade, não pode fazer-se ouvir porque não há meios adequados de interpretação; a sua *Weltanschauung* torna impossível trazer à tona certas experiências necessárias.

A reação negativa do complexo reprimido não se apresenta diretamente; é outro arquétipo, o mago, que amaldiçoa a *anima*, pois está furioso por não ser reconhecido. Em virtude da *Weltanschauung*, o arquétipo da *anima* está numa situação em que não pode irromper na consciência de outro modo e, portanto, a tentativa é feita por meio do corpo e a *anima* aparece como uma rã num pântano, o que aponta para aquele polo de compreensão.

Há uma história algonquiana em que o grande deus quer dar à tribo certos segredos e rituais de medicina. Para tanto, ele não convoca uma reunião dos feiticeiros, mas ensina o peixe, a lontra e outros pequenos animais aquáticos; dá-lhes o segredo e são eles quem ensinam o ser humano. De acordo com esse motivo, o deus foi incapaz de ensinar diretamente o homem, mas teve de ensinar os animais que, por sua vez, puderam ensinar os homens. Psicologicamente, isso significa que talvez não exista qualquer ideia ou concepção nuclear na mente dos indígenas por meio da qual eles poderiam ter compreendido; têm de aprender através dos movimentos instintivos do corpo, que é o que também nós tentamos fazer na análise, quando pedimos às pessoas que usem a imaginação ativa e obedeçam principalmente aos impulsos instintivos físicos. Quando se trata de uma questão de trazer à tona o conteúdo profundamente enterrado do inconsciente, a pessoa deve, por vezes, fazer movimentos aleatórios com um lápis e papel. Depois a fantasia torna-se mais rica, mas o primeiro impulso é dado por meio do corpo. Na realidade, a sabedoria de tal conteúdo, ou sua mensagem, está enterrada no corpo. Parece-me que isso é muito típico do modo como o primitivo compreende certas coisas, em especial, jogando fisicamente com certos objetos até que a fantasia se combine.

Existe uma antiga lenda acerca da invenção do arco e da flecha, uma lenda ancestral. Conta-se que havia um antepassado do arco, cuja esposa era a corda, a qual com seus braços o rodeava sempre pelo pescoço, num abraço eterno. Eles assim se mostravam aos seres humanos e foi por isso que o homem aprendeu a fazer o arco e a flecha para atirar. Os dois desapareceram, então, na terra. Assim, para a invenção do instrumento completo, houve primeiro um material da fantasia arquetípica profundamente inconsciente e foi isso que, segundo conta a própria história, suscitou a invenção. Estou convencida de que a maioria das grandes invenções do homem foi deflagrada por semelhante material oriundo de fantasias arquetípicas. São sempre atribuídas a poderes e a magia divinos, não só a motivos utilitários, pois sabia-se que tinham sua origem nos impulsos do inconsciente. A maior parte das grandes criações do presente surgiu inicialmente por meio dos sonhos e de impulsos instintivos.

Por vezes, se nos defrontamos com uma situação em que algo está encoberto e não sabemos do que se trata, a única coisa a fazer é ficar divagando, captando qualquer coisa que nos atraia a atenção, tentando descobrir que energia participa nisso, ao mesmo tempo que nos observamos para ver o que é que atrai a energia psíquica e, então, brincamos com essa coisa, mesmo que isso pareça completamente ridículo. Se deixarmos a nossa fantasia jogar com o objeto, poderemos então trazer à tona o que estava no inconsciente. Essa primitiva atitude lúdica, apesar de sua natureza pueril, é sumamente criativa.

Portanto, se a *anima* se apresenta como uma rã num pântano e atrai a flecha de cobre do jovem czar, eu diria que existe um impulso físico no inconsciente. O ser humano aparece frequentemente na forma enfeitiçada de uma rã, a qual tem semelhanças definidas com o corpo humano; possui mãos e pés pequenos e, no nível de um pequeno animal de sangue frio, é como uma caricatura do ser humano. Chamamos muitas vezes às crianças de rãzinhas. Se um conteúdo inconsciente aparece como rã, eu concluo sempre que ele poderá tornar-se consciente, até que *queira* que isso aconteça. Há conteúdos do inconsciente que são esquivos e resistem a tornar-se conscientes, mas essa relativa semelhança de estrutura da rã com o corpo humano permite uma expressão simbólica adequada para algo que está parcialmente enterrado nas camadas somáticas do inconsciente e que tem um estímulo definido para a compreensão consciente. A rã atrai a flecha de cobre – um motivo divertido, uma vez que o arco e flecha desempenha um grande papel no simbolismo do amor.

Laurens van der Post possui um pequeno arco e flecha feito pelos bosquímanos do deserto do Kalahari. Ali, se um jovem está interessado numa jovem, ele faz esse arco e flecha. Os bosquímanos podem armazenar gordura em suas nádegas, a qual forma uma saliência, e em épocas difíceis eles podem viver dessa reserva de gordura. O jovem dispara a fecha para atingir essa parte do corpo da moça. Ela retira-a e olha para ver quem a atirou; se aceita as atenções do rapaz, vai até ele e devolve-lhe a flecha, mas, caso contrário, quebra-a e calca-a aos pés. Eles ainda usam o arco de Cupido! Vemos por que razão Cupido, o deus do amor na Antiguidade, tinha um arco e flecha!

Podemos interpretar a flecha psicologicamente como uma projeção, o projétil. Se projeto o meu *animus* num homem é como se uma parte de minha energia psíquica fluísse para esse homem e, ao mesmo tempo, me sentisse atraída por ele. Isso atua como uma flecha, uma quantidade de energia psíquica que é muito penetrante. De súbito, ela estabelece uma conexão. A flecha dos bosquímanos do deserto do Kalahari diz à moça: "A libido da minha *anima* tocou em você", e ela aceita ou não. Mas a jovem não guarda a flecha, ela devolve-a; isto é, ele tem de receber de volta a projeção, mas, por meio dela, uma relação humana foi estabelecida. Todo o simbolismo do casamento está aí contido.

O cobre é o metal do planeta Vênus (Cypris da ilha de Chipre), o metal de Vênus. Está relacionado com os problemas do amor e com a deusa Vênus. A rã apanha a flecha e a relação é estabelecida. O azinhavre, o veneno do metal cobre, foi interpretado pelos alquimistas como o aspecto perigoso do princípio do amor. O cobre pode tornar-se facilmente venenoso, porquanto é afetado muito rapidamente por influências exteriores; é um metal perigoso, é brando e maleável, mas tem uma qualidade venenosa. Também pode ser usado para fazer ligas, e isso ajusta-se de maneira perfeita à qualidade do amor; pode ser facilmente combinado ou ligado com outros metais, assim como o amor une as pessoas. Foi provavelmente por causa de sua capacidade para a *união* que esse metal foi atribuído à deusa Vênus. Os metais macios são usualmente femininos, e os metais duros, masculinos.

A *anima*, a princesa rã, demonstra à corte, durante o banquete, que ela não é realmente uma rã. Tem poderes sobrenaturais, faz bolos maravilhosos, pode tecer o linho, aparece como a mais bela das mulheres, e do alimento guardado em sua manga cresce a árvore com o gato preto que pode cantar e narrar contos de fadas. Assim, ela mostra que, embora tivesse de aparecer primeiro desse modo inadequado, não é uma rã, mas um ser divino, sobrenatural, uma deusa que pode transformar os elementos. Ela também pode produzir uma árvore, como um feiticeiro, a qual pode aparecer e desaparecer, um dom que ela provavelmente herdou de seu pai. Poderíamos dizer que é ela quem transforma toda a realidade num padrão criativo das imagens arquetípicas. A *anima* oferece à vida do homem ilusão e desilusão. Propicia-lhe seu sentimento de expressividade e é inspiração para suas fantasias criativas. De que modo o homem reage à *anima* depende da sua atitude.

Na nossa história, é lamentável que toda a produção da figura da *anima* somente apareça durante o banquete. Há uma tendência para não avaliar corretamente essa manifestação. Se tal coisa acontecesse na realidade, deveríamos cair de joelhos e perguntar o que está por trás disso. A reação relativamente ligeira produzida em face dessa manifestação da deusa é provavelmente responsável pelo fato de que o príncipe queima irrefletidamente a pele, de que a princesa parte para o fim do mundo e de que tantos esforços têm de ser empreendidos para encontrá-la de novo. É sempre este o caso, e muito típico, quando o homem aceita as influências e as manifestações da *anima* somente no plano estético e não a leva a sério eticamente.

Na vida exterior, isso significaria relacionar-se com a mulher como uma espécie de Don Juan, apenas flertando com ela – um banquete num conto de fadas. Muitos artistas escrevem ou pintam magnificamente, mas se lhes perguntarmos o significado do que fizeram, eles esquivam-se, dizendo que a interpretação psicológica destrói a obra de arte. Essa é uma atitude comum em muitos artistas modernos que não querem ser atingidos pela seriedade do que produziram. Portanto, tentam deixá-lo no domínio do entretenimento artístico e, realmente, "divertem-se num banquete". Assim, podemos dizer que a dificuldade original, notadamente certo preconceito na consciência, ainda persiste, o que explica que a coisa toda se desintegre tão logo a pele seja queimada. A atitude consciente não está levando a sério a *anima* e, portanto, a catástrofe ocorre e o jovem czar tem de realizar uma longa busca para encontrá-la de novo.

O detalhe interessante é que, quando ele a encontra, ela está sentada num palácio, em meio a uma floresta, obviamente numa construção que interpretaríamos como um símbolo do Si-mesmo em seu aspecto mais feminino. Caracterizaria a experiência mística no interior da alma, tal como é descrita nos escritos da mística cristã Teresa de Ávila, nos quais o "castelo interior" de ouro e de prata é a famosa imagem para o centro mais íntimo da psique, a que chamamos de Si-mesmo.

Nesse castelo existe também um ser perigoso que não aparece. Não está claro se se trata do pai feiticeiro ou de um dragão. A moça está em seu poder e o noivo tem de arrebatá-la e fugir com ela rapidamente, pois, caso contrário, algo perigoso aconteceria. Se compararmos esta com as outras histórias, veremos que essa figura perigosa é geralmente identificada com o diabo. Eis um estranho processo compensatório, pelo fato de que existe uma subvalorização da figura da *anima* no inconsciente. Ela é contaminada pela imagem de Deus em seu lado sombrio.

Quanto menos um homem se apercebe do valor da *anima* na consciência, mais ela tende a ser diabólica ou a identificar-se com a totalidade do inconsciente e com a imagem de Deus. É como se ele, de maneira inconsciente, a tivesse colocado num trono e lhe rendesse culto, apenas porque não está suficientemente consciente. É como uma possessão diabólica, a qual é vivenciada de maneira subjetiva como emoção religiosa.

Podemos observar isso se estudarmos um nazista. Os nazistas, ou os comunistas, não reconhecem os fatos psíquicos interiores como tais, porque, conscientemente, estão apenas interessados em teorias sociológicas. Portanto, sua vida emocional cai no inconsciente e vincula-se a uma imagem inconsciente de Deus; isso resulta no estranho fanatismo "religioso" que se encontra em todos os movimentos dessa espécie. Eles são até capazes de morrer por isso ou de incendiar o mundo inteiro. Por quê, se é apenas um programa político nacional? Descobriremos sempre que o que eles projetam em suas ideias políticas é o Reino de Deus. Querem estabelecê-lo na Terra "do modo certo" e, por conseguinte, têm o direito de destruir tudo o mais, de matar alguns milhares. Se falamos com tais pessoas, verificamos ser essa a sua atitude emocional inconsciente. São possessos em grau extremo e projetam a imagem de Deus, com a qual toda a sua emoção idealista se harmoniza – eis um exemplo da contaminação da *anima* com a imagem de Deus, quando o símbolo do Si-mesmo tende a converter-se numa possessão destrutiva.

Um símbolo do Si-mesmo, ou imagem de Deus que não é reconhecida, é sumamente destrutivo porque se transforma, então, numa força que atua nos bastidores e causa emoções destrutivas e preconceitos de massa de todos os tipos. Por isso é difícil falar com essas pessoas possessas de um modo razoável; no plano emocional, elas estão completamente vinculadas à imagem do Si-mesmo, mas não se apercebem disso, pois são incapazes de olhar-se psicologicamente – tudo está projetado no exterior. Essa regressão da figura da *anima* é um fato perigoso, destrutivo. Diz a princesa: "Se não tivesses chegado agora, nunca mais me verias de novo" – isto é, todo o desenvolvimento psicológico real teria morrido, e isso significa também a morte do indivíduo. Portanto, ele tem de realizar um longo e paciente esforço para trazer novamente à tona esses conteúdos do inconsciente, pois, caso contrário, eles se manifestam apenas esteticamente e logo desaparecem no inconsciente.

O palácio na floresta conduz-nos ao simbolismo alquímico. Os metais estão sempre associados aos planetas: o ferro é geralmente o símbolo de Marte e da guerra; a prata está associada à Lua, ao princípio branco, feminino, o metal macio que pode unir-se facilmente; ao passo que o ouro está associado ao Sol. O palácio de cristal com portões de ferro, de prata e de ouro contém as quatro substâncias do Si-mesmo, como, por exemplo, na fabricação da pedra filosofal. O ferro ou o chumbo é a *nigredo*, que leva à prata, que é a *albedo*, a brancura, onde o princípio feminino domina, e depois vem o ouro, isto é, a *rubedo*, a fase vermelha em que o ouro aparece. O cristal é uma substância que representa o espírito ou a matéria espiritual em forma concreta. Mas nessa história o simbolismo alquímico do Si-mesmo aparece com uma nuança negativa, e eu preferiria dar aqui a todos esses elementos uma nuança negativa e dizer que a figura da *anima* está aprisionada numa dureza inumana. Atualmente, as pessoas têm uma imagem negativa do Si-mesmo e ela está endurecendo de modo incrível. Certos nazistas fazem um esporte da tentativa de matar todo o seu sentimento; supõe-se que o endurecimento artificial e destrutivo do sentimento deva ser heroico.

No ensaio de Jung sobre "A psicologia da transferência", diz ele que, como uma reação contra o acabar sendo dissolvido nas massas, o inconsciente tenta hoje produzir nas pessoas a solidificação do indivíduo. Podemos ver no homem moderno essa tendência para solidificar o indivíduo. Se isso não dá resultado, ou funciona inconscientemente, então ocorre um endurecimento do qual, se estão possessos, se orgulham, pois seus líderes são inflexíveis; nesse caso, a solidificação do indivíduo não funcionou. Podemos dizer que, nos dias de hoje, temos apenas uma escolha – ou tornarmo-nos indivíduos endurecidos, destrutivos, defendendo-nos desse modo, inconscientemente, ou tornarmo-nos indivíduos mais sólidos em nosso íntimo. No primeiro caso, somos possuídos pelo simbolismo do Si-mesmo em vez de sermos seus servidores.

Assim, as quatro substâncias referem-se à quaternidade do Si-mesmo, mas com um matiz negativo: o simbolismo torna-se destrutivo, se não houver uma relação apropriada.

O aspecto mortífero do ser possesso ou amaldiçoado é algo que podemos perceber na seguinte história dinamarquesa, intitulada "Rei Lindworm". Essa palavra céltico-germânica significa serpente ou dragão; é também um curso de água que tem esse formato, como o rio Limmat, ou o Lindt em Zurique. Também pode significar um grande verme, ou um verme-dragão, um dragão-rei com forma de réptil.

Um rei e uma rainha não têm filhos. Após sua noite de núpcias, encontram uma inscrição sobre seu leito pela manhã, dizendo-lhes que nunca teriam filhos. Um dia, a rainha, que está desesperada, encontra uma velha que lhe diz que a ajudará. Ela instrui a rainha para ir ao canto noroeste do jardim e levar consigo uma grande taça que aí deve ser deixada emborcada. Pela manhã, quando for buscar a taça, encontrará uma rosa vermelha e uma rosa branca. Se a rainha comer a rosa vermelha, terá um rapaz, e se comer a branca, terá uma menina, mas sob pretexto nenhum deverá comer ambas ao mesmo tempo, pois isso redundaria numa catástrofe.

A rainha faz como lhe foi dito e na manhã seguinte encontra as rosas. Ela então pensa: se comer a rosa vermelha e tiver um rapaz, quando ele crescer irá para a guerra e será morto, mas se comer a rosa branca, quando a menina crescer casará. Não vê motivos para não comer ambas e ter gêmeos. Assim faz, mas dá à luz não um par de gêmeos, e sim um horrível dragão, uma criatura do sexo masculino. Este começa logo a fazer coisas desagradáveis, ameaça destruir o castelo e devorar todo o mundo se não lhe derem o que quer. Quando o rei, que estivera na guerra, volta para casa, o dragão sai a seu encontro e saúda-o como pai. O rei exclama: "O quê, sou por acaso teu pai?". "Sim", responde o dragão, "e se não fosses meu pai, destruir-te-ia e o castelo."

Assim, todos são dominados pelas ameaças desse dragão. Quando ele completa 20 anos, quer se casar. O rei afirma que ninguém se casará com ele, mas o dragão diz que se o rei não lhe encontrar uma noiva, ele será destruído, assim como o castelo. Encontram, então, uma bela princesa, mas na noite de núpcias o monstro a devora. O mesmo acontece à noiva seguinte e torna-se difícil arranjar-lhe noivas. Mas o dragão se torna cada vez mais ameaçador e o rei fica tão desesperado que decide ir ver um velho pastor, pedindo-lhe que lhe dê sua filha. O pastor não quer, mas tem de ceder e conta tudo à filha.

A moça, sabendo o que a espera, foge para a floresta chorando. Aí encontra uma anciã que lhe pergunta por que ela está tão triste. A moça conta-lhe que tem de casar com o dragão e que será morta, ao que a anciã se oferece para ajudá-la e lhe diz o que fazer. Quando a festa do casamento terminar e for chegado o momento de ir para a alcova nupcial, ela deverá vestir dez camisas, uma sobre a outra, e quando o dragão disser no escuro que ela deve despir a sua camisa, ela responderá que o fará, mas que ele também tem de despir a pele. Isso deve ser feito nove vezes, quando então, a essa altura, ele já não terá mais peles para tirar, mas a noiva ainda terá uma camisa no corpo. Então ele ficará jazendo como um amontoado de carne sangrenta e ela terá de fustigá-lo com varas de aveleira, embebidas em lixívia que ela terá levado previamente para o quarto, até que ele quase se desfaça em pedaços, após o que deverá lavá-lo com leite doce e envolvê-lo com as nove camisas; então ela adormecerá por um breve período com ele em seus braços.

A moça faz como lhe foi ensinado e quando desperta descobre que está nos braços de um belo príncipe, que assim foi redimido da maldição. Mais tarde, aparece um vilão que difama a princesa, mas vamos nos concentrar na primeira parte da história.

O problema foi criado pela ganância da rainha: ela não se contentou em ficar apenas com uma das alternativas à sua escolha e quis tudo. Pensou que teria gêmeos; poderia ter pensado que daria à luz um ser hermafrodita, uma estreita conexão do dragão. Os alquimistas falam do dragão ou do monstro hermafrodita, algo monstruoso, antinatural e não positivo. Ele tem de ser retalhado, destruído ou redimido, porque representa uma união dos opostos num nível profundamente inconsciente. Refere-se de novo ao mesmo motivo que examinamos antes, o castelo onde a princesa rã desaparece. É aí onde o ser humano é possuído pelo Si-mesmo em vez de ser compreendido e relacionado com o arquétipo do Si-mesmo. Verificamos isso frequentemente em casos-limite e entre pessoas que entraram em contato com material do inconsciente por meio do estudo específico, digamos, da mitologia, de povos primitivos etc. Essas pessoas não podem relacionar-se com o seu material, mas são por ele possuídas. Falam "do arquétipo" e "anunciam" material arquetípico como um velho feiticeiro indígena, mas não o associam a seu moderno nível de consciência e nunca se indagam sobre isso.

Os padrões arquetípicos são tão significativos e exercem tal domínio emocional que essas pessoas falam como um livro e afogam-se no material em vez de o entender. Refiro-me ao tipo de pessoa que encontramos na civilização moderna, uma espécie de mágico presunçoso. Existem homens e mulheres que, em vez de compreenderem o conteúdo de seu inconsciente, são por ele possuídos; então, identificam-se com o arquétipo do Si-mesmo e adotam a pose do Velho Sábio ou da Grande Mãe. Essas pessoas podem sempre anunciar a grande verdade, mas se estudarmos o que elas dizem e o modo como se comportam, veremos que falam mostrando estar possuídas pelo arquétipo. O material parece ser significativo, mas elas perderam a forma da sua própria personalidade, expandiram-se demais.

Existe usualmente uma conexão com a atitude moral de tais pessoas. São "locutores radiofônicos" do arquétipo e a função sentimental foi destruída. A condição é quase equivalente à insanidade moral. Hitler foi um desses tipos. Ele exerceu um tremendo impacto sobre as pessoas, mas se analisarmos seus discursos veremos que ele produziu sempre grandes verdades, que ele intuía do inconsciente, misturadas com o mais incrível lixo imoral. Mas, como tais pérolas da verdade lhe chegavam por meio da proximidade do inconsciente, as pessoas eram arrebatadas pelo que ele dizia e não se apercebiam do lixo com que elas estavam misturadas.

Embora Hitler seja um exemplo fundamental do tipo, encontramos tais pessoas na vida cotidiana, pessoas que têm a atitude instável, antiética, que se ajusta ao arquétipo mas não ao ser humano; na grande maioria dos casos não são pessoas insanas, mas "locutores radiofônicos" de seu conteúdo inconsciente, o qual quer ser expresso e impressiona aqueles que as cercam. Têm um efeito destrutivo. Algumas pessoas podem observar sua inferioridade ética, mas outras, menos críticas, ou aquelas que não estão eticamente seguras, caem na armadilha. Tais pessoas-limite são aquelas de quem Jung diz que o complexo do ego e o arquétipo do Si-mesmo foram contaminados, de modo que ambos ficam nublados. Portanto, o ego exibe qualidades do Si-mesmo que não deveria ter, e o Si-mesmo assume qualidades do ego que não deveriam estar nele.

Definimos o arquétipo do Si-mesmo como a totalidade da personalidade e, como tal, acha-se no começo da vida humana. Nos primeiros anos de infância, já existe uma totalidade inconsciente, da mesma forma como o fruto do carvalho já contém a árvore toda. Usualmente, na vida, o complexo do ego fecha-se para qualquer contato com o Si-mesmo e só na segunda metade da vida há uma tentativa feita pelo ego de defrontar-se com a totalidade da personalidade até o ponto – para citar o caso ideal – de haver uma compreensão completa do ego e do Si-mesmo, tal como é descrita no Zen-budismo e em outras experiências místicas em que o ego vivencia o Si-mesmo e volta a ser uno com ele. Por vezes, o ego não se separa adequadamente do Si-mesmo; o processo é perturbado e, por conseguinte, o ego não se polariza à margem do resto da personalidade inconsciente, mas mistura-se vagamente com ela, e aí temos uma estranha personalidade, ou pueril ou muito sábia, mais ou menos consciente do que as outras, e também irremediavelmente inconsciente – nem uma coisa nem outra.

Analisar tais pessoas é infernal porque, de certa maneira, tendo falado sobre o inconsciente, elas sabem tudo sobre ele; na verdade, elas estão bem dentro dele, mas se tentarmos tirá-las e afastá-las daí, elas dirão que conhecem suficientemente o próprio valor para impedir que isso aconteça. Tem de haver uma reconstrução do valor do sentimento por meio do inconsciente. Isso significa um longo e enfadonho trabalho; não podemos distinguir os dois fatores, ego e Si-mesmo.

Tomemos a rainha que comeu primeiro a rosa vermelha: ela deveria dar à luz um ser masculino, mas este foi erroneamente contaminado por sua parte feminina; ele é um hermafrodita, envolto por aquilo que não deveria pertencer-lhe, isto é, envolto pelo feminino ou pela pele do dragão – a *anima* que o cerca – da maneira errada. Como sabemos, um dos mais altos símbolos do Si-mesmo é o Cristo rodeado pela Igreja – *vir a femina circumdatus*. A noiva do Cristo é a Igreja e, no final, quando a totalidade se realizar, o Cristo estará completamente encarnado na multidão dos crentes cristãos, a Igreja, e, portanto, "o homem envolto pela mulher". A mulher é como um círculo ao redor do homem, o ser divino no centro da mandala, o *Anthropos*, colocado numa forma quadrangular como a ideia do aspecto masculino do Si-mesmo corporificado no feminino, tal como o Buda sentado sobre a flor de lótus.

Esse símbolo supremo do objetivo humano tem uma sombra medonha, horrível, um aspecto negativo, e isso seria o nosso príncipe dragão. É a mesma coisa quando esse símbolo é errado e destrutivo e não foi compreendido de um modo consciente na vida, mas colheu o ser humano por trás, com todos os seus aspectos destrutivos em vez dos construtivos. Esse príncipe Lindworm é também o homem envolto pela mulher, mas ele está na forma de um monte de carne sangrenta envolta por uma pele de dragão, uma forma regressiva da união dos opostos.

Tais símbolos do Si-mesmo sempre aparecem quando há uma tendência do indivíduo para resolver um problema regredindo para uma fase anterior da civilização. No cristianismo primitivo, nos primeiros mil anos depois de Cristo, o problema da vida e da relação entre homem e mulher foi cristianizado pela primeira vez. Sendo um conteúdo patriarcal, cortou o aspecto sexual. O homem tinha a possibilidade de relacionar-se com uma mulher real por meio da instituição social do casamento – qualquer outra coisa era pecado – e de sublimar o resto da figura de sua *anima* e projetá-la na Virgem Maria. Se a projetasse numa outra mulher estava em apuros.

Essa solução do problema vital como um todo e do problema entre os sexos foi crucial nos séculos XI, XII e XIII. Os cavaleiros cristãos da época fizeram uma tentativa de desenvolver o problema da *anima* e do relacionamento humano por meio das Cortes de Amor (*Les Cours d'Amours*), nas quais um homem podia expressar seu sentimento por uma mulher. Essas cortes propiciavam ao homem a tentativa de adquirir consciência do problema da *anima*. Naturalmente, viram-se em dificuldades e houve intermináveis complicações éticas e humanas. Nessa época, os cavaleiros cristãos estavam em contato com o mundo islâmico, e a instituição do harém parecia oferecer uma solução, porquanto se presumia inexistirem aí problemas sexuais e solteironas. Toda mulher tinha um homem e estava sexualmente satisfeita.

A instituição do harém é uma boa solução, psicologicamente, dado que impede a repressão da sexualidade, mas, por outro lado, em nenhuma outra parte existe menos relacionamento entre homem e mulher: os homens falam com os homens, as mulheres com as mulheres. O homem dirige-se à mulher somente por meio de anedotas eróticas; uma relação autêntica é desconhecida nesse tipo de civilização. No entanto, quando os cavaleiros cristãos entraram em contato com a psicologia do harém, foi uma tremenda tentação ver aí a solução. Mas isso teria sido uma regressão e, portanto, encontramos mitos em que todos eles são ameaçados pelo mundo islâmico, o qual se apresenta como um ser hermafrodita.

Assim, com base no material, podemos dizer que essa seria uma saída para a dificuldade, mas, por outro lado, seria uma regressão para um estado de coisas mais primitivo. Essa é a grande tentação em toda parte; em vez de tatear o caminho em busca de uma nova solução, há uma regressão para o antigo estado primitivo em que ainda não existia sequer um problema. É por isso que certas pessoas vão para o Havaí ou alguma outra ilha, pensando encontrar a unidade com a natureza – uma solução em forma regressiva, e as pessoas tornam-se ainda mais neuróticas através disso, porque é a solução errada.

CONFERÊNCIA 6

Ainda temos de examinar o estranho motivo na história dinamarquesa do "Rei Lindworm", em que a moça que quer redimir o príncipe dragão tem de vestir dez camisas e cada vez que o noivo dragão lhe diz para despir sua camisa, ela lhe responde que também ele deve tirar uma de suas peles, até que, quando o dragão se despojou de nove peles e ela ainda tem uma camisa no corpo, resta dele apenas uma lamentosa e infeliz massa sangrenta de carne no chão. Depois, ela fustiga-o com varas de aveleira e banha-o em leite doce, e assim o redime e ele transforma-se num belo príncipe.

Iniciei a interpretação tentando mostrar primeiro o que podem significar essas numerosas coberturas, as muitas peles que cobrem a verdadeira, embora não estabelecida, natureza do príncipe. Aventei a hipótese de que elas representam um complexo em que o ego consciente e o arquétipo do Si-mesmo estão contaminados. Descrevi pessoas em quem o ego está identificado com o Si-mesmo, de modo que tanto o ego da pessoa quanto o arquétipo do Si-mesmo não podem funcionar apropriadamente, visto que, em virtude da contaminação, não houve uma adequada polarização da psique. Esse é um aspecto de uma figura tal como a do príncipe coberto com tantas peles de dragão, mas também podemos encarar isso sob outro ângulo. O príncipe e a princesa, nos contos de fadas, representam frequentemente aqueles personagens que mais tarde serão o rei e a rainha, pois constituem, por assim dizer, o rei e a rainha *in statu nascendi*.

Em *Mysterium Coniunctionis*, o dr. Jung dedica todo um capítulo ao simbolismo do rei em alquimia. Tal como na teologia e mitologia egípcias, o rei em alquimia representa uma dominante do consciente coletivo. Enquanto o velho rei representa um sistema caduco ou decrépito do consciente coletivo, o jovem rei apresenta um novo símbolo do Si-mesmo. Como se explica que o futuro rei represente o Si-mesmo, ao passo que o velho rei, na mitologia, representa usualmente uma dominante do consciente coletivo?

Para se compreender o que isso significa, devemos ter em mente certos fatos históricos. Buda, quando iluminado sob a árvore Bodhi, vivenciou algo do Si-mesmo e, quando se defrontou com seus discípulos, tornou-se um símbolo do Si-mesmo para os que o cercavam. Muitos sistemas religiosos se cristalizaram em torno da figura de Buda, que simbolizou um ser divino, o único homem divino, um símbolo do Si-mesmo. Se estudarmos o budismo em suas fases subsequentes, podemos ver que Buda converteu-se numa representação central de uma organização coletiva religiosa, numa ideia simbólica daquilo a que atualmente chamamos de budismo e em todo um sistema religioso.

Também poderíamos dizer que a figura do Cristo passou por um desenvolvimento semelhante, pois assim que um símbolo do Si-mesmo se cristaliza, resta apenas uma representação central do sistema coletivo, e, do símbolo que originalmente representou a real experiência interior, subsiste tão somente a adulação. Resta um sistema intelectual ou devocional, enquanto o símbolo original se dissipa lentamente e é petrificado num hábito ritualista. É justamente isso o que o velho rei simboliza e por essa razão é frequentemente representado como aquele que resiste à nova coisa que está surgindo. Quando é profetizado o nascimento de uma criança divina, o velho rei treme, receando a perda de sua posição. Portanto, ele tenta destruir a criança, pois, ainda que ele próprio tenha sido um símbolo do Si-mesmo, tornou-se agora negativo e destrutivo porque, como Jung mostrou com grande quantidade de material em *Aion*, o Si-mesmo, como todos os outros arquétipos, não é apenas um núcleo estático da psique, mas também um sistema autorrenovador.

Se observarmos o simbolismo do Si-mesmo tal como se manifesta num indivíduo, veremos que se encontra num estado de constante mudança. Despoja-se de certos aspectos e renova-se perpetuamente. Portanto, Jung compara-o a certos átomos de hidrogênio que, em camadas superiores, desprendem elétrons de tempos em tempos e assimilam outros elétrons. O Si-mesmo, num ser humano, parece desenvolver numa atividade semelhante; é um centro dinâmico da psique que parece estar em constante fluxo interior. É por isso que nenhuma formulação consciente de uma experiência do Si-mesmo pode pretender ser absoluta durante um extenso período de tempo; ela tem de ser repetidamente readaptada, a fim de acompanhar *pari passu* esse processo de mudança.

Por essa razão, os símbolos religiosos, em geral, têm de ser perpetuamente reinterpretados e, numa religião viva, há sempre os perigos de petrificação e reformas que surgem num esforço de reconstrução da concepção original e de sua tradução para algo mais moderno e adaptado às necessidades de um novo período histórico. Temos a mesma coisa num indivíduo, pois, ainda que ele possua uma experiência muito profunda, ela pode sofrer desgaste; a verdade de ontem não é mais a verdade de hoje, e aquilo que era um ideal de apoio torna-se um sistema ultrapassado que impede o subsequente desenvolvimento interior. Nesse caso, a verdade de ontem deve ser posta de lado, para dar lugar ao que, *agora*, é a verdade da própria vida psíquica do indivíduo.

Portanto, num conto de fadas, um príncipe representa usualmente esse símbolo do Si-mesmo *in statu nascendi*, símbolo que tem de ser desenterrado ou que surge espontaneamente das profundezas do inconsciente coletivo. Se está coberto com todas essas peles – como em nossa história –, isso significa que não existe possibilidade nenhuma de esse conteúdo aparecer em sua verdadeira forma; ele tem de se manifestar primeiro numa forma animal.

Encontramos, às vezes, uma situação análoga em indivíduos em que existe um tremendo impulso instintivo. Esse impulso possui as pessoas, mas estas têm como que um pressentimento sobrenatural de que isso não é a "coisa". Um homem pode estar apaixonado por uma mulher e não querer nada mais, mas sente que essa não é realmente a coisa, que ele está somente possuído pela ideia porque não pode concretizá-la e, se isso efetivamente acontecesse, toda a experiência desmoronaria. Nesse caso, o terapeuta deve julgar de acordo com seu próprio instinto. As pessoas são possuídas por algo que querem e insistirão em afirmar que isso é a coisa genuína, mas dá para desconfiar, pois isso parece ser apenas uma manifestação evidente de algo que está por trás, ou seja, a representação central ainda não foi expressa.

De um modo geral, podemos afirmar que, se uma pessoa mostra sintomas de estar possuída ou de não estar livre, ou de ser incapaz de sacrificar tal desejo, então isso não é – ou ainda não é – a coisa real. Devemos então adotar uma atitude de expectativa, pois quando se manifesta tal desejo pueril podemos estar certos de que algo está errado. Temos de aguardar por algum tempo, até que o núcleo na psique se despoje de suas várias manifestações e se revele em sua verdadeira natureza.

É interessante que a moça que quer redimir o príncipe dragão tenha de vestir tantas camisas. Ela tem de encobrir-se e não se mostrar nua, isto é, em sua verdadeira forma. Este é um problema espinhoso para se discutir, mas, às vezes, em análise, temos de reconhecer a nossa própria reação junto ao analisando quando este apresenta alguma exigência irreal. Ela não pode ser rejeitada, pois algo real está escondido por trás, mas tampouco podemos ser ingênuos, visto que, se nos expusermos de um modo negativo, seremos destruídos ou receberemos um choque ou reação destrutiva do sentimento que danificaria a relação. Expormo-nos à possessão de outrem não tem qualquer mérito, mas é bastante estúpido. Temos de ser suficientemente discriminatórios para sentir o que é genuíno e só nos relacionarmos com isso, mantendo-nos distantes daquilo que não o é. Esse é um dos problemas mais sutis nessa situação.

O que a moça diz, com efeito, é que, se o dragão se apresentar com uma reação mais verdadeira, então ela responderá do mesmo modo; mas, se ele fizer uma investida furiosa e irreal contra ela, ela estará ausente. Analogamente, se nos expusermos a uma exigência possessa de um analisando de um modo ingênuo, isso redundará apenas em desapontamento, pois ele sentirá que caiu numa armadilha. Como não é uma coisa genuína, sua melhor natureza alimentará a esperança de que não nos deixemos ludibriar e, se o fizermos, ele afastar-se-á; parte do analisando estará descontente, pois ele foi aceito num nível excessivamente ingênuo.

Assim é que a elaboração de um complexo se apresenta numa relação analítica, mas tal complexo também pode aparecer num indivíduo único e significaria que a atitude consciente não deveria precipitar-se para chegar a conclusões, pois o conteúdo inconsciente possui muitas peles e não se apresenta na sua forma verdadeira. Manifesta-se em sonhos numa forma velada, mas talvez estejamos aptos a concluir o que está por trás. Se o ego não dispõe de uma teoria suficientemente sutil do inconsciente, aceitará o véu de cima como a verdade integral e, portanto, não conseguirá atingir o centro do complexo.

Suponhamos que o ego sustenta teorias freudianas e que o núcleo se expressa num sonho muito sexual. Se a nossa ideia é a de que temos agora a *coisa* e isso prova não ser o caso, então a relação com o inconsciente se desintegra e surgem dificuldades. Por outro lado, precisamos estar certos de que a interpretação freudiana não é correta. Portanto, a melhor reação é vestir muitas camisas, isto é, muitas atitudes diferentes, e dizer "por ora, a coisa parece como se fosse assim mesmo". Ou seja, damos à manifestação evidente uma adequada interpretação teórica, mas deixamos a porta aberta para a possibilidade de que exista outra mais adequada. Nunca se sabe por quanto tempo o "descascamento" poderá continuar ou se o nível de interpretação é o fundamental. No processo, temos de nos desenvolver tanto quanto o analisando, pois uma verdadeira análise é sempre uma transformação simultânea. Devemos estar preparados para nos desprendermos do nosso modo de interpretação e renunciar a quaisquer teorias e hipóteses que possamos ter acerca do analisando. Devemos estar preparados para dizer que o problema é ainda mais complexo e aguardar até que haja uma compreensão da verdade subjacente. Pode-se perguntar como, em dado momento, podemos saber que o estágio final foi alcançado, mas temos um instinto sobre isso; a paz de espírito pode chegar para ambas as partes, ou, se está apenas em nosso complexo íntimo, sentimos que essa é verdadeiramente a *coisa*. Existe geralmente um sentimento duradouro e deixamos de ter o constrangimento e a insatisfação que sempre rondavam antes.

Às vezes, quando as pessoas dizem que têm um problema e sabem exatamente do que se trata e qual é a sua interpretação, sentimos que elas esperam que concordemos e, ao mesmo tempo, não querem que façamos isso. Quando sentimos um mal-estar persistente em nosso íntimo, podemos ter a certeza de que não tiramos suficientes camisas e peles de dragão, e não atingimos a verdade nua e crua.

Em "Rei Lindworm", a verdade nua e crua é aquela massa sangrenta de carne que tem de ser exorcizada e convertida num belo príncipe. Esse conto de fadas representa a figura compensatória do Si-mesmo, pois o dragão-rei é aquele aspecto que não recebe suficiente atenção no simbolismo cristão. O homem físico e as necessidades do corpo não tinham lugar no cristianismo primitivo e nunca foram objeto de uma abordagem adequada, sendo por isso que muita gente abandonou a Igreja. O desenvolvimento do simbolismo do Si-mesmo adiciona algo à nossa representação religiosa central, de modo que ela pode, uma vez mais, funcionar, e certas partes da vida podem voltar a ser atraídas para uma atitude total. Se o Si-mesmo é a totalidade do homem, então expressa também essa parte do ser humano, e devemos encontrar as respostas que nos ajudem a viver essa parte de nossa natureza.

Um conto de fadas é verdadeiro por uns trezentos ou quatrocentos anos e depois, em geral, modifica-se e evolui. Se compararmos os contos de fadas da Europa cristã com os dos chineses ou os da Antiguidade, comprovaremos isso. A consciência humana parece evoluir muito lentamente e as mudanças nos contos de fadas evoluem no mesmo ritmo. Portanto, as fórmulas conscientes têm de ser readaptadas aos processos existentes do inconsciente e da psique. Pelo menos do ponto de vista psicológico, não existe nenhum princípio que dure por muito tempo, em virtude do processo de permanente mudança da psique.

Que um disfarce animal ou corpóreo encubra a verdadeira forma é um tema que será também encontrado em outras civilizações de um modo tipicamente diferente. Um conto de fadas chinês, intitulado "No Chia", fala de um nobre e de sua esposa, que não têm filhos. A esposa, já idosa – como era Sara, na Bíblia – estava certo dia deitada em seu leito quando um sacerdote taoista entrou no quarto com uma bela pérola. Disse à mulher que a engolisse e que, então, teria um filho. Depois desapareceu e, nove meses depois, a mulher deu à luz uma bola de carne da qual emanava uma fulgurante luz vermelha e um maravilhoso perfume. O marido entrou no quarto e com sua espada cortou a bola de carne, que se transformou numa criança do sexo masculino.

Esse rapaz é muito turbulento, destrutivo e perverso; perturba os dragões no fundo do mar e mete-se em toda espécie de desordens, causando o desgosto de seus pais e dos deuses; mas, no final, ele compreende que deve sacrificar-se como compensação. Torna-se um deus e é objeto de culto, pois expiou as ações malignas praticadas na juventude. Aqui temos novamente o motivo do símbolo do Si-mesmo, mas, agora, manifestado muito mais no domínio da natureza. Após um longo processo de autossacrifício e sofrimento, No Chia torna-se um novo ser divino, que substitui os velhos deuses por um novo símbolo religioso.

Em textos alquímicos, diz-se frequentemente que o ser divino está enterrado e tem de ser extraído da matéria destrutiva; é mencionada a *extractio animae*, na qual os minerais têm de ser aquecidos para que o metal brote. Nessa imagem, os alquimistas projetaram processos psicológicos semelhantes, ou seja, que temos de nos preocupar com o material proveniente do inconsciente, ao qual tem de ser dada atenção concentrada (isto é, calor), a fim de extrair o essencial. É isso o que fazemos quando interpretamos um sonho. Quando as pessoas contam seus primeiros sonhos em análise, elas riem ou pedem desculpas por apresentar algo que lhes parece sem valor, e ficam profundamente impressionadas se conseguimos fazer uma *extractio animae* – obter o significado essencial do que lhes parecia ser meramente material caótico. Se a interpretação "se ajusta" e é bem-sucedida, a pessoa experiencia o significado revigorante contido no que, aparentemente, era desprovido de significado.

A espada que o rei usa representa um ato de discriminação, uma discriminação intelectual feita quando se chega a uma decisão. Posso dar um exemplo disso, mostrando como o inconsciente pode decidir por nós. Certa vez, quando eu estava hesitante quanto a aceitar ou não um novo analisando, tive um sonho em que aparecia um homem que havia acabado de abandonar seu emprego porque o trabalho o extenuara e não sentia forças para continuar nele. O sonho, obviamente, diz: "Não se esqueça desse fator em seu íntimo", e esclareceu assim a situação. Fora efetuada uma discriminação intelectual com um elemento decisivo nela; o problema fora enfrentado nas camadas instintivas da personalidade e o sonho anunciou a decisão do inconsciente. Assim, decisão e discriminação estão intimamente ligadas no *statu nascendi*. No Apocalipse, a espada que sai da boca de Deus é um fator discriminatório, e no corte do nó górdio por Alexandre temos o aspecto de decisão.

Um sonho, se corretamente interpretado, comporta sempre não só uma elucidação intelectual, mas também uma qualidade de decisão, e confere uma ênfase diferente daquela do consciente. Tem, essencialmente, um efeito intelectual *e* ético sobre a personalidade consciente. Tanto o inconsciente como o consciente devem usar o elemento de discriminação; a fusão das duas atitudes é sempre necessária.

Por que foi que a moça vestiu todas aquelas camisas? Por que não alguma outra peça de vestuário? As roupas têm dois aspectos ou significados. Por uma parte, pertencem à persona, a máscara que mostramos ao mundo. Vestimo-nos como queremos mostrar-nos ao nosso meio sociológico. Nos velhos tempos havia um vestuário definido para cada ocupação específica e toda atitude básica em face da vida manifestava-se na persona. Assim, as roupas encobrem frequentemente a verdadeira personalidade e escondem a "verdade nua".

Hans Andersen conta a história do rei que queria usar as roupas mais maravilhosas. Encontrou um alfaiate que lhe disse que poderia confeccioná-las, mas que pessoas más seriam incapazes de vê-las. Infelizmente, o próprio rei não as via, mas era vaidoso demais para compreender que o alfaiate era um impostor e assim saiu nu para a rua. As pessoas sabiam a respeito das roupas e, para não passarem por estúpidas, concordavam que o rei estava maravilhosamente vestido – só uma criança disse: "Mas o rei está nu!" e, então, todo mundo começou a rir. As roupas podem dar uma falsa impressão, mas seria demasiado fácil interpretá-las sempre como a máscara ou persona.

Em muitos cultos misteriosos, a verdadeira mudança da personalidade expressa-se por meio da mudança de roupas. Apuleio, quando foi iniciado nos mistérios de Ísis, usou vestes régias cobertas com os signos do zodíaco e, nos tempos do cristianismo primitivo, as pessoas vestiam roupas brancas após o batismo para demonstrar sua renovação e atitude limpa. Portanto, eu diria que as roupas representam usualmente uma atitude que a pessoa quer manifestar aos que a cercam. As pessoas podem mostrar uma boa atitude exterior, mas, por baixo, estarem cheias de fantasias sujas e reações pouco limpas; ou, por outro lado, a atitude interior pode ser mais limpa e mais verdadeira. Também é costume falar-se de "lavar a roupa suja em público".

A camisa é usada junto ao corpo e representa usualmente a atitude mais íntima. Se antipatizo com o Sr. Fulano, posso dizer que tive muito prazer em vê-lo, mas, intimamente, posso sentir de um modo muito diverso, e essa é a diferença entre a roupa interior e a exterior. A camisa representa a atitude que não é ainda inteiramente a verdade nua, embora seja íntima, pois situa-se entre as roupas e a pele. Na nossa história do Rei Lindworm, é nesse domínio intermédio que a moça tem de se mostrar, quase em sua verdadeira natureza, mas não completamente, até que o dragão surja com sua personalidade real, quando, nesse momento, ela pode redimi-lo. Até então, ela tinha de mostrar uma reação genuína, mas não a verdade fundamental.

A camisa também representa um modo ou meio de expressão, mas eu gostaria de explicar melhor esse ponto contando três outros contos de fadas dos irmãos Grimm que colocam o problema da camisa sob outra luz.

O primeiro conto é "Os doze irmãos". É a respeito de um rei e de uma rainha que têm doze rapazes. O rei diz que se o filho seguinte for menina, dar-lhe-á todo o dinheiro e que os rapazes serão todos mortos. Manda fazer doze caixões, com almofadas para a cabeça, e são todos colocados num quarto e a porta aferrolhada para que os rapazes não os vejam. Mas a mãe está muito infeliz e quando o filho caçula, Benjamin, lhe pergunta por que está tão triste, ela conta-lhe tudo e mostra-lhe os caixões. Benjamin diz-lhe que não deve chorar, que eles cuidarão de tudo. Decidem ir para a floresta e sentar-se, aí, numa árvore, ficando atentos. Se uma bandeira negra for içada, ficarão sabendo que nasceu uma menina, enquanto uma bandeira branca significará um rapaz. Se a bandeira for negra, tentarão fugir. É a bandeira negra que aparece. Os irmãos ficam furiosos e juram que se puserem a mão na menina a matarão. Depois penetram na floresta e vão dar em uma casa encantada, onde decidem ficar. Benjamin tem de cuidar da casa e os outros devem providenciar os alimentos. Aí permaneceram dez anos.

Nesse meio-tempo, a filha cresceu e era amável e de bom coração. Em sua testa havia uma estrela. Um dia, ela viu, entre a roupa para lavar, doze camisas de homem e perguntou à mãe de quem eram, pois pareciam-lhe pequenas demais para serem de seu pai. A mãe conta-lhe e a moça diz que deve ir procurar seus irmãos e trazê-los de volta para casa. Então, ela apanha as doze camisas e vai à floresta, encontrando a casa encantada, onde está Benjamin. Ele fica surpreso com a beleza dela, com suas roupas deslumbrantes e com a estrela na testa, e pergunta-lhe de onde vem e o que está fazendo ali. Ela diz que está procurando seus doze irmãos e mostra as camisas. Benjamin fica muito contente, beija-a e diz que farão as pazes, mas acrescenta que os irmãos tinham feito o juramento de matá-la. Ela responde que está pronta para ser morta por amor a eles. Benjamin esconde sua irmã e quando os irmãos chegam em casa fala-lhes dela e fá-la sair. Todos ficam amigos e vivem juntos na casa, e a irmã ajuda Benjamin nos afazeres domésticos.

Certo dia, querendo dar a seus irmãos algo especial, a moça colhe doze lírios que estavam crescendo no jardim e põe um em cada prato. Então os irmãos são imediatamente transformados em doze corvos que se afastam voando. A casa e o jardim desaparecem ao mesmo tempo e a moça fica sozinha. Ela não sabe o que foi que aconteceu. Aparece uma velha que lhe diz que ela deveria ter deixado os lírios no jardim, pois eram os seus irmãos que agora tinham sido transformados para sempre em corvos. A moça pergunta se não há um meio de redimi-los e é-lhe dito que sim, mas se trata de uma tarefa muito difícil: a moça deve permanecer muda e não proferir uma só palavra durante sete anos. Ela decide sentar-se no topo de uma árvore, mas quando um jovem príncipe vai caçar na floresta, seu cão a vê e ladra; o príncipe apaixona-se por ela e os dois se casam. Alguns anos depois, a velha rainha diz que a moça é uma feiticeira e deve ser queimada. A moça é atada a um poste e uma pira é preparada; porém, no momento em que lhe ateiam fogo, os doze corvos regressam e, ao pousarem, se transformam em seres humanos. O prazo de sete anos extinguira-se exatamente naquele momento e a moça pôde explicar o que havia acontecido.

Na história de "Os sete corvos", um homem tinha sete filhos e nenhuma filha, e ficou muito contente quando, por fim, nasceu uma menina. Mas a criança era delicada e teve de ser batizada imediatamente. Mandou, então, os rapazes irem buscar água para o batismo, mas eles quebraram o cântaro em que deveriam trazê-la e ficaram tão assustados que não voltaram para casa. O pai, em sua cólera, disse que desejava que eles se transformassem em corvos.

A menina cresceu e ouviu o que havia acontecido a seus irmãos, que por causa dela haviam sido amaldiçoados. Daí em diante, ela não teve paz nem de dia nem de noite, pensando neles, e, finalmente, fugiu para procurá-los. Caminha até o fim do mundo, depois até o Sol, daí à Lua e às estrelas. A Estrela da Manhã diz-lhe que seus irmãos estão vivendo numa montanha de vidro e entrega-lhe um pequeno pé de cabra com o qual poderá abrir a porta da casa onde eles vivem. Ela perde-o, mas apanha uma faca e decepa um de seus dedos, abrindo a porta com ele. Um anão cumprimenta-a e diz-lhe que os corvos não estão em casa, mas que ela pode esperar, e traz comida e bebida para os sete. A moça come e bebe um pouco de cada porção e deixa cair na última taça o anel que trouxera com ela da casa dos pais. Quando os corvos regressam, perguntam uns aos outros quem comeu e bebeu de sua comida e de sua bebida, e dizem que deve ter sido um ser humano. Então eles descobrem o anel, reconhecem-no e dizem que se ao menos fosse a irmã deles estariam redimidos. A irmã surge na porta, os irmãos recuperam a forma humana e todos voltam juntos para casa.

Na história seguinte, "Os seis cisnes", um rei vai caçar numa grande floresta onde vê uma velha, que só lhe dirá como sair da floresta se prometer se casar com a filha dela. A moça é bela, mas o rei não gosta dela e não tarda em descobrir que se casou com uma bruxa má. O rei tivera seis rapazes e uma menina de seu casamento anterior. Percebendo que a nova esposa mataria as crianças, ele esconde-as num castelo solitário no meio de uma floresta e visita-as secretamente. A bruxa descobre e, depois de fazer seis camisas, segue a pista do rei até o castelo. Os rapazes, pensando que era o pai, correm a seu encontro, mas a bruxa lança imediatamente as camisas sobre eles, que se transformam em cisnes. Pensando que não havia mais crianças, ela volta para casa muito satisfeita.

Mas a irmã, que não correra para fora do castelo para se encontrar com a bruxa, decide procurar os irmãos e redimi-los. Após uma longa jornada, encontra-os e eles lhe dizem que só lhes é permitido recuperar a forma humana um quarto de hora todas as noites. Eles dizem que a única forma de ela os redimir seria se a irmã permanecesse muda durante seis anos, enquanto teria de lhes fazer seis camisas tecidas com estrelas-de-jerusalém. A moça decide que assim fará, sobe ao topo de uma árvore e começa a trabalhar. Mas alguns caçadores aparecem, descem-na da árvore e levam-na até o rei, que se casa com ela. A sogra acusa-a de matar e comer seus próprios filhos assim que nascem e, depois da terceira criança desaparecer (sequestrada, como as outras, pela velha rainha), a jovem é condenada a ser queimada como bruxa. Mas os seis anos estão expirando e ela terminou as camisas, com exceção de uma manga. Exatamente quando o fogo está sendo ateado, aparecem os cisnes. Como a irmã levava as camisas com ela, lançou-as sobre as aves, que imediatamente se transformaram em homens – embora o irmão caçula tenha uma asa de cisne em vez de um braço. Assim, a verdade é revelada. O rei é informado de que a jovem rainha não é uma bruxa, a mãe perversa é queimada e todos passam a viver juntos e felizes.

Vê-se como é importante estudar as três histórias, que são todas variações do mesmo tema, uma ampliação do motivo da camisa. As camisas tanto podem ser o meio de enfeitiçamento quanto o de redenção. Até aqui, era necessário que a pessoa ficasse despida, mas, na última história, a redenção é obtida vestindo a camisa. Temos de perguntar-nos o que isso poderia significar. Não temos de alcançar a verdade nua e crua, mas de lhe dar uma cobertura que a habilite a aparecer em sua verdadeira forma. Uma camisa feita de estrelas-de-jerusalém tem de ser providenciada, e jogá-la sobre a pessoa enfeitiçada é o gesto de redenção. Também nesse caso temos o mesmo motivo de uma demorada e amorosa devoção e de um grande sacrifício.

A projeção age sobre as pessoas como um feitiço. Se esperamos o melhor, é provável que o alcancemos, e se prevemos o pior as pessoas são incapazes de revelar o seu melhor lado. Isso é algo muito essencial no campo da educação, pois se as crianças sentem que lhes é dado crédito e que se espera que elas sejam capazes de realizar algo, tal atitude tem um efeito sustentador e elas poderão expressar suas melhores qualidades. Tocamos aqui num problema muito sutil e que tem sido causa de muitos erros.

Eu gostaria de encaminhar o leitor para as observações do dr. Jung sobre a projeção em *Tipos Psicológicos*, onde ele fala das camadas da identidade arcaica.* Ao escrever sobre essas grandes áreas da identidade inconsciente, Jung diz que somente se surgir uma necessidade de dissolver a identidade é possível começar a falar de projeção, não antes. A projeção, diz ele, baseia-se primeiramente na identidade arcaica. Os seres humanos estão todos ligados e são parcialmente idênticos. Uma personalidade completamente separada é coisa que não existe. Se a Suíça fosse atacada, por exemplo, agiríamos como uma só pessoa. Nas camadas do inconsciente coletivo, estamos identificados com o grupo. Verificamos repetidas vezes que os psicólogos junguianos dizem que uma tribo primitiva projeta o Si-mesmo no chefe, mas isso não é correto. O que pode ser afirmado é que a tribo se encontra em estado de identidade, no qual o chefe é o representante do Si-mesmo.

Por outro lado, se encontramos alguém e temos a experiência de sermos um só coração e uma só alma – que algo se ajustou –, podemos estar certos de que o outro gostará do que fazemos. Temos uma grande identidade. Mas, então, fazemos a

---

* *Collected Works*, vol. 6, § 783.

pergunta final e ficamos furiosos quando a outra pessoa não está de acordo conosco, pois se temos tanta coisa em comum, por que havia ela de mostrar uma diferença! Temos, então, de compreender a projeção. No começo, entretanto, quando existe uma harmonia natural de identidade, não é correto falar disso como projeção, pois na projeção há sempre a ideia de que algo meu foi atribuído a outra pessoa.

Nunca torno meu aquilo que projeto; ele está na área arcaica e pode projetar-se em outrem. Enquanto houver um "ajuste", não podemos falar de projeção porque é um fato, uma verdade. Se a nossa sombra mente e encontramos outra pessoa que também mente, quem pode provar que há uma projeção? É a verdade. Mas se a minha sombra mente e acuso outra pessoa de mentir e ela não o faz, estabelece-se um mal-estar, um desconforto, algo que *não* se ajusta. Alguém tem uma má consciência, uma parte da personalidade não acredita mais nela e, então, podemos dizer que projetamos algo. Formularam-se suposições errôneas que não correspondem à verdade, mas só quando essa fase de desarmonia surge é que se pode falar em projeção. Até aqui existia uma identidade arcaica, em que não se podia fazer suposições sobre o que pertencia a outra pessoa, pois, na realidade, tratava-se de um fenômeno interpessoal.

A camisa representa, até certo ponto, um modo de autoexpressão, mas eu posso lançar o tipo errado de suposição sobre alguém e desse modo pôr a descoberto o que há de pior numa pessoa. É importante dar crédito ao outro ser humano. Algumas pessoas têm uma espécie de expectativa negativa generalizada e isso revela o pior dos outros. Produz frequentemente um efeito mágico em pessoas muito inconscientes que não conhecem muita coisa acerca de tais mecanismos; assim, é possível fazer com que elas se comportem mal.

Alguém com um complexo materno negativo, por exemplo, pode desempenhar o papel tão bem que toda figura materna à sua volta é forçada a comportar-se negativamente; ou um homem pode ter um complexo paterno negativo e ser contra toda e qualquer espécie de autoridade, porque para ele o pai representa a autoridade tradicional, e tudo o que cheire a isso atua como um pano vermelho para um touro. Ele pode comportar-se em relação ao major no serviço militar de tal maneira que o oficial é obrigado a impor sua autoridade e poder, e nesse caso está tão envolvido no complexo quanto o outro e tem de desempenhar seu papel. Há um complexo que pertence a ambos, que os liga um ao outro, e eles têm de desempenhá-lo até o fim reciprocamente, embora nunca pretendessem fazê-lo. Se os dois não têm o mesmo complexo, então ele não cairá na armadilha; mas se em alguma parte de sua psique ele possui um complexo semelhante, então pode haver identidade. Se ouvirmos ambos, não poderemos ver a luz. Mas talvez o mais diferenciado se canse da situação e adote uma postura própria. Poderá começar a refletir e decidir que, mesmo se a outra pessoa é tão ruim quanto ele pensa, não vai perder sua energia continuando a brigar, pois seria mais útil observar-se a si mesmo. Assim, ele corta a identidade arcaica e começa a recolher sua projeção. Vigiará suas próprias fantasias, estudará o complexo e, gradualmente, deixará de ser colhido e começará a ser realmente livre. Podemos dizer que ele está recolhendo ao seu próprio sistema psíquico o que lhe pertence, deixando o outro sozinho com o problema dele.

Quando há uma tendência para a autorreflexão e a dúvida, a projeção aí está e não antes, se bem que, vista por uma terceira pessoa, assim pareça. Os conteúdos raramente irrompem na consciência de modo direto, embora isso possa acontecer algumas vezes, se a atitude consciente for suficientemente aberta. Se estamos conscientemente abertos ao influxo de novos conteúdos, o conteúdo inconsciente pode aparecer num sonho e, por meio da vida onírica, ser levado à consciência sem qualquer drama exterior. Mas até mesmo nesse caso, especialmente se os conteúdos são muito profundos e têm múltiplas facetas, parte desses conteúdos aparece no domínio interpessoal. Isso ocorre também com intuições criativas quando duas pessoas têm a mesma ideia ao mesmo tempo, como aconteceu sempre que dois ou três cientistas fizeram independente e simultaneamente a mesma descoberta. O conteúdo arquetípico não pertence, então, nem a uma nem a outra pessoa e pode aparecer no domínio interpessoal.

Quando alguma coisa está pressionando na direção do limiar da consciência, temos essa manifestação interpessoal que cria, primeiramente, a identidade e, depois, a compreensão da projeção. Eis por que esses processos primeiro juntam as pessoas e depois as separam; esse é o grande *régisseur* de todos os dramas humanos positivos e negativos. Alguém pode sentir que a alma de outra pessoa tem afinidades com a sua, mas então as duas brigam e toda a *comédie humaine* é iniciada. Enquanto não houver desconforto ou sentimento desagradável, ninguém pode convencer a outra pessoa da projeção. É assim que o fluxo da vida corre, e não é sensato intervir enquanto a pessoa não perguntar por que briga sempre com homens ou mulheres de certo tipo. O que é que lhe pertence nisso? Na medida em que a coisa funciona, se duas pessoas se amam, por que dizer, por exemplo, que é apenas uma projeção? Mas quando a situação fica desagradável, quando uma pessoa sente que algo deixou de funcionar, então a identidade arcaica está se aproximando daquele estado em que se pode falar de uma projeção.

Eu diria que eliminar a camisa está mais no nível da identidade arcaica, e que aqueles complexos interpessoais que se afetam mutuamente ainda não estão no nível da projeção. Parece-me que os diferentes complexos inconscientes do inconsciente coletivo também têm uma espécie de afinidade química recíproca, afetam-se mutuamente de maneira positiva ou negativa, isto é, certos complexos podem ferir outros complexos dentro do inconsciente. Se nos considerarmos como sendo os criadores do enfeitiçamento e de tendências psicológicas, então parece provável que existam tendências contraditórias que se afetam mútua e negativamente e que revelam o pior nos outros; e só poderemos mudar isso por meio da interferência da consciência, mediante a descoberta de modos de expressão. Eu interpretaria a camisa como material de fantasia inadequado ou adequado. Suponha-se que temos um conteúdo inconsciente ativado em nosso íntimo, inconsciente que é experimentado como algo irrequieto ou excitante que induz ao desassossego neurótico. Para tornar esse conteúdo consciente, é tremendamente importante que ele seja dotado de meios adequados de expressão.

Tenho um analisando, uma jovem, que, em virtude de um complexo materno negativo e de um pai difícil, não tem praticamente ego feminino. Portanto, ela é um joguete de tudo o que acontece à sua volta. Se o vizinho diz que ela está horrível, ela se sente completamente infeliz, e se alguém lhe diz que está linda, fica exultante. É inteiramente dependente dos outros e, na realidade, nunca sabe o que quer ou o que realmente é. Em virtude da fraqueza do seu ego, está sempre receando provocar uma reação negativa na outra pessoa, pois seria incapaz de suportar isso; assim, dá a impressão de ser muito falsa. Ela nunca diz nada negativo, mas nos agradece por tudo. Temos a impressão de que há uma boa dose de crítica subjacente, mas evita sempre as reações embaraçosas. Realmente, quando o lado negativo aparece, ela se entrega a mexericos negativos. A maledicência humana chega sempre aos ouvidos da pessoa errada!

Quando ela veio para análise, estava muito agitada. As pessoas costumavam pensar que ela era uma intrigante, e ela perdeu justamente o que queria, o contato humano. Na análise, ela me tratou como superior e não tinha coragem de admitir sentimentos negativos, dizia ser incapaz de pô-los para fora. Ela recalcava uma tremenda quantidade de cólera contra o meio circundante, porém nunca a expressou. Ela tinha ouvido falar sobre imaginação ativa e lera a respeito disso em livros de Jung, e começou fazendo o que se revelou ser magia negra. Imaginava a pessoa a quem detestava e chamava a isso ab-reagir sobre sua cólera a fim de superá-la, quando na realidade ela estava ficando cada vez pior. Percebi por meio de um sonho que ela estava praticando a magia negra e acusei-a disso, e descobri então o que ela estava fazendo. Disse-lhe que nunca deveria atacar outra pessoa, mas a sua própria cólera, que deveria observar-se a si mesma e indagar o que *ela* estava fazendo com a sua própria sombra. Deve-se deixar de fora a outra pessoa sobre quem a cólera recai; essa é a diferença entre a magia negra e a imaginação ativa. O indivíduo tem de pôr a camisa exorcizante certa sobre o seu próprio afeto.

Quando se trata da questão de redimir alguém, isto é, uma parte de sua própria psique, é sempre uma questão de lhe dar a espécie correta de expressão, o tipo certo de material de fantasia dentro do qual o indivíduo possa expressar-se.

CONFERÊNCIA 7

Na conferência anterior, analisamos o problema dos sete corvos e dos seis cisnes nos contos de fadas. Na história dos seis cisnes, a moça tem de confeccionar camisas com estrelas-de-jerusalém, pequenas flores que crescem na sombra das florestas e que, por se assemelharem a pequenas estrelas brancas, são consideradas no folclore como estrelas do céu que crescem na terra. Delas, a moça faz as camisas que lança sobre seus irmãos, que assim readquirem a forma humana. Examinamos até que ponto isso está ligado à projeção, ou ao fornecimento, por meio de material de fantasia, de uma expressão apropriada para o complexo inconsciente. Penso especialmente na técnica da imaginação ativa, que tentamos usar quando um conteúdo muito dinâmico do inconsciente é constelado e perturba a consciência, desde que certas condições sejam satisfeitas – isto é, que o ego não seja demasiado fraco e não exista psicose, pois deve-se ser muito cuidadoso com essa técnica.

Sob as condições certas, tentamos permitir a esse complexo do inconsciente que se expresse em fantasia, enquanto participamos conscientemente. Desse modo, o material amplia-se de uma forma diferente da que se observa no sonho. Todo sonho é uma ampliação de um conteúdo inconsciente, ao passo que na imaginação ativa existe cooperação consciente ativa, um esforço consciente, que, por um lado, influencia o material, mas, por outro, também lhe adiciona certos fatores e, nessa cooperação de consciente e inconsciente, pode ocorrer um processo de transformação.

Há pessoas que alegam poder influenciar seus sonhos, mas nunca comprovei que o possam fazer. Por vezes, ocorre num sonho a experiência de pensar que não se quer sonhar isso e então a pessoa acorda, mas trata-se de uma reação de medo em face do que se reprime. Os sonhos não podem ser alterados. O único modo que conhecemos de influenciar o inconsciente é pela técnica da imaginação ativa. É verdade que outras coisas exercem, de fato, uma influência, mas de natureza repressiva. Nos *exercitia spiritualia*, de Inácio de Loyola, é dado um determinado tema para meditação, existe um plano definido de procedimento. Isso se aplica também à maioria das práticas de yoga, até onde nos é dado saber. Dizem eles, por exemplo, que num certo estágio aparecerá a bela Devas e tentará seduzir-nos, mas que devemos resistir à tentação; ou que existem regras pelas quais a concentração tem de se manter fixa.

Em contraste com essas práticas, adotamos a atitude de que, em tal processo dialético, no qual consciente e inconsciente se defrontam, a consciência do ego tem de determinar a cada momento o que quer, sem programação antecipada. Se, na imaginação de um homem, uma bela deusa tenta seduzi-lo, ele pode decidir segui-la ou não – não existe regra. Em cada etapa, a decisão cabe ao consciente, como ocorreria na vida. Isso faz uma tremenda diferença. Se essa técnica for praticada adequadamente, existe a possibilidade, em certa medida, de influenciar o inconsciente, e pode-se experimentar uma grande descarga da tensão devido à força obsessiva de um conteúdo inconsciente. É também uma boa forma para elaborar certos afetos ou para trazer à tona material criativo inconsciente, que é difícil de compreender ou não pode aparecer em algum material já existente; pois damos ao inconsciente uma oportunidade para se expressar, ao mesmo tempo que se adiciona a focalização e a concentração nos elementos da consciência, de modo que o produto é o dos dois mundos, numa esfera intermédia, a que chamamos de realidade da psique.

Isso, penso eu, é o que poderia ser comparado à camisa de estrelas-de-jerusalém do nosso conto de fadas. A moça realiza um longo e devotado esforço para dar aos cisnes um modo pelo qual eles possam readquirir a forma humana, e isso é semelhante ao processo da imaginação ativa: adotamos um ponto de vista humano em relação ao conteúdo inconsciente, falhamos-lhe como se ele fosse um ser humano, o que tem um efeito misticamente humanizante e confere ao *animus* ou à *anima*, por exemplo, um modo de expressão.

Todo o conteúdo do inconsciente com o qual uma pessoa não se relaciona adequadamente tende a obcecá-la, pois a atinge por trás. Se ela puder falar com esse conteúdo, entrará em relação com ele. Podemos ser possuídos por um conteúdo constelado no inconsciente, ou podemos relacionar-nos com ele. Quanto mais o suprimimos, mais afetados por ele somos. Se não oferecermos ativamente ao inconsciente um meio de expressão, ele vai se revelar um material de fantasia, destrutivo, insidioso e involuntário.

As pessoas que são possuídas, e se fecham num casulo a respeito das pessoas com quem deviam relacionar-se, são apanhadas nas mais surpreendentes suposições, das quais não duvidam, mas que tampouco ficam muito claras para elas próprias, já que parecem ser completamente evidentes. Elas estão seguras de tudo e nunca dizem: "Por que é que suponho semelhante coisa?". A obsessão torna-se uma completa convicção semiconsciente. Isso acontece quando o material da fantasia encontra um modo errado de expressão, por exemplo, nas acusações contra amigos e vizinhos, e nunca é verificado ou comprovado. Isso se esconde no mais recôndito da mente dessa pessoa e amplia-se. Pequenos casos irrelevantes são recolhidos e organizados num sistema paranoico, e cada item acrescenta um pouco mais – por exemplo, o governo suíço decidiu assim e assado, ou a campainha do carteiro significa isto ou aquilo – tudo é mais um sinal. Até a mente das chamadas pessoas normais está repleta de suposições não verificadas que não se relacionam com a realidade consciente. Se as interrogarmos a esse respeito, vamos nos deparar com um bloqueio completamente errático e descobriremos uma ideia louca. Nesse caso, a técnica da imaginação ativa é apropriada. Temos de colocar a ideia ou o palpite diante de nós e falar com ela ou ele. Quando tivermos superado certa restrição de consciência assim como a dúvida que estamos alimentando em nossa mente, poderemos prover o conteúdo de uma possibilidade de expressar-se na fantasia; isso requer uma atitude objetiva em relação ao nosso próprio material.

A moça, enquanto estiver fazendo essas camisas de estrelas-de-jerusalém, também não deve proferir uma só palavra, um tema que aparece igualmente em outras variações, e ela é acusada de matar seus próprios filhos, de estar enfeitiçada etc. Esse é um outro motivo de redenção. Não falar significa não ter qualquer ligação com as pessoas à nossa volta e não discutir o problema. Eis aqui um elemento que ocorre naturalmente com muita frequência, ou seja, a pessoa é sobrepujada por algo que lhe arrebata a sua capacidade de fala. Nos estados catatônicos, não existe capacidade de fala, as emoções induzidas pelo problema são esmagadoras e a fala é impossível. Em casos menos graves, quando alguma coisa nos impressiona ou nos comove profundamente, não conseguimos falar, pois ocorre de novo a oposição entre o que acontece involuntariamente e o que ocorre quando lhe agregamos um esforço. Se tal conteúdo é propenso a deixar-nos sem fala, é melhor aumentá-lo, tomando a decisão de não falar disso. Se adicionarmos um esforço ou uma atitude consciente, então o elemento destrutivo ou perigoso se tornará positivo.

Assim, se somos dominados por um conteúdo inconsciente e não podemos falar dele, então é preferível que não tentemos conversar a respeito dele no mundo exterior, mas deixar que ele se expresse primeiro a nós. Nesse caso, não seremos sobrepujados pela emoção desconhecida, que é sempre um fato dinâmico fluindo em direção a algo. O impulso inconsciente *primitivo* seria obedecer a essa tendência secreta da emoção, seguindo-a para onde ela quisesse levar-nos. Se é ódio, conduz-nos involuntariamente para o objeto odiado; se é amor, é a mesma coisa, para mencionar apenas duas emoções comuns. Se tentarmos expressar a emoção primeiro na direção do seu objeto, haverá o grande perigo de sermos sobrepujados. Digamos que alguém está furioso, mas pretende expressar o fato decentemente; contudo, com uma só palavra vem o fluxo e, embora a pessoa possa estar decidida a dizer muito pouco, aí despenca a avalanche toda! No momento da emoção, dizemos muito mais e envolvemo-nos cada vez mais, e no fim acreditamos naquilo de que duvidávamos no começo.

Se a imaginação ativa é praticada por pessoas inadequadas, a fantasia expressa-se do modo como elas sentem seu próprio material, mas sua emoção vai ficando cada vez mais forte e, no fim, redunda em catástrofe, pois o afeto avolumou-se nesse meio-tempo. Deve-se tecer primeiro o material para a camisa, encontrar um meio de autoexpressão, e só então dar vazão à emoção no seu lugar apropriado. Um jesuíta do século XVII disse que a língua humana é como uma roda de fogo, ela vai disseminando fogo venenoso e destruição por toda a parte. O aspecto negativo é diabólico. Pense-se na propaganda em nossos dias e em tudo o que pode ser feito por ela, até assassinato.

As pessoas que escrevem artigos repletos de rancor nos jornais seriam mais sensatas se ficassem caladas e trabalhassem no seu afeto – isso daria ao homem uma camisa, a fim de que a emoção pudesse brotar de forma humana. A mesma coisa ocorre também constantemente em análise. O modo como a resistência se expressa faz toda a diferença do mundo. Se ela for simplesmente exercida, exigirá muito do analista para não se entregar também à emoção. Mas se o analisando diz que, na última hora, sentiu certa resistência e gostaria de discutir este e aquele ponto, então temos uma situação humana normal – pois a coisa foi apresentada na camisa certa.

Infelizmente, a possessão comporta a convicção de que se está certo. Assim como os protagonistas russos estão convencidos de que o mundo ocidental é a coisa destrutiva, também, se o *animus* nos possui, estamos seguros de que assim é. A grande coisa é saber isso. Tal como a maioria dos meus irmãos e irmãs, quando estou possuída pelo *animus* não me apercebo disso – estou convencida de que é a minha própria opinião e não a do *animus*. Mas se nos analisarmos um pouco, ficaremos sabendo pelo tom de voz e pela intensidade da emoção que algo não está certo. Há um excesso de ímpeto subentendido no que queremos ter ou fazer, e isso é suspeito. Temos a sensação de que já ouvimos antes esse gênero de argumento dentro de nós mesmos. Quando estamos excessivamente de posse do *animus*, não podemos livrar-nos disso de imediato, assim é preferível ficarmos calados. Voltemos para o nosso quarto e digamos: "Isso está tudo errado, há algo muito suspeito acerca do estado em que me encontro, de modo que nada direi durante alguns dias" e, então, depois disso, poderemos dar graças a Deus por termos conseguido, por uma vez, guardá-lo no íntimo. Mas poderia ulcerar-se e ficar pior, e é quando necessitamos da camisa; nesse caso, não devemos simplesmente retê-lo, ser envenenados e deixar que fique roendo dentro de nós, pois isso não ajuda em nada. Se o veneno supura em nosso íntimo, a situação pode ficar pior depois de três dias; mas se, nesse período de tempo, lhe dermos uma camisa, digamos, na imaginação ativa, então poderemos evitar complicações.

Citei o caso da moça que era sempre tão gentil e polida porque queria ser amada, e depois acumulou ódio contra um homem casado. O casal com quem ela às vezes se reunia tinha a mesma doença, de modo que, naturalmente, eles se acusavam mutuamente de serem falsos e desonestos. Certa vez, quando fora à casa desse casal para almoçar, saiu de lá com uma cólera patológica contra o homem, que era falso e mentiroso – uma pessoa horrível por trás de uma máscara de doçura. Ela nada disse. Não teria sido melhor se tivesse dito, teria soltado coisas demais, de modo que acumulou tudo e quando voltou para o seu quarto não foi capaz de trabalhar ou de concentrar-se, porque a coisa estava esbravejando no seu íntimo. No seu material de fantasia, ela simplesmente deu vazão à sua cólera, fantasiando o que faria a esse homem: se o enforcaria, cuspiria nele etc. Então, um sonho disse que ela havia caído em bruxaria e magia negra. Acusei-a disso, mas ela não conseguiu pensar em nada que tivesse feito, de modo que recapitulei tudo o que tinha acontecido durante aqueles últimos dias e vieram à baila as fantasias. Disse-lhe que se o afeto a perturbava a tal ponto, ela deveria personificá-lo, mas não por meio da pessoa em questão – de preferência como um urso enfurecido ou uma criatura que tenta destruir e esmagar coisas. Se dermos apenas rédeas ao afeto e lidarmos com as fantasias erradas que surgem, isso aumentará o *abaissement du niveau mental*. Frear a língua, manter o afeto dentro de nós e depois dar-lhe um meio apropriado de expressão, é o caminho apropriado nesse motivo de redenção.

Podemos, da mesma forma, tomar um conteúdo completamente diferente. Digamos que, de súbito, como um corvo ou um cisne que cruza o céu em alto voo, temos uma ideia megalomaníaca, vemo-nos de algum modo como se fôssemos a própria divindade. Podemos dizer que isso é absurdo ou podemos afagar essa ideia, mas não falamos dela aos outros, porque não acreditariam no que disséssemos. Não construímos a fantasia, mas poderíamos perguntar como foi que entrou em nossa cabeça. É claro, ela entrou por si mesma! Se ficarmos dizendo por aí que somos a divindade, as pessoas saberão onde nos meter, mas se guardarmos isso para nós mesmos e perguntarmo-nos como semelhante ideia nos acudiu, poderemos descobrir material sumamente assombroso. Então, à semelhança dos místicos, descobrimos que em todo ser humano existe uma centelha divina e que a nossa personalidade é enriquecida por uma experiência interior, se bem que a sua primeira aparição seja muito chocante. Assim, precisamos sentar-nos no topo de uma árvore, por assim dizer, e ficar completamente desligados; deixar que as coisas se expressem por si mesmas, adicionando muita devoção ao material, em vez de permitir que este nos esmague.

Disse Paracelso que todo ser humano era um cosmo, com todas as estrelas dentro dele. O céu estrelado é uma imagem do inconsciente coletivo, e se as estrelas descem à terra isso contém o simbolismo da compreensão, pois a coisa torna-se real dentro da consciência do ser humano. O que não é compreendido não é real. Antes de o átomo ser compreendido, ele existia, embora não existisse na consciência humana. As estrelas descem do céu e são tecidas na camisa, e, assim, compreendidas num padrão arquetípico. A única asa que restou significaria que a integração, tornando-se consciente, é uma coisa muito relativa. Como disse Goethe: *"Uns bleibt ein Erdenrest, zu tragen peinlich"* (Ficou em nós um remanescente, difícil de carregar). O mesmo é válido para um conteúdo arquetípico, o qual não pode ser inteiramente integrado. O significado do símbolo pode estar esgotado para o sentimento subjetivo de uma pessoa, mas esta não esgotou todo o seu significado. Escolho alguns contos de fadas e interpreto-os até sentir-me em paz com minha própria mente, mas não sinto que tenha esgotado o material. Se não fiz o bastante, sinto-me inquieta, então geralmente tenho sonhos e sei que meu inconsciente ainda não está satisfeito com a minha interpretação, mas isso é uma coisa puramente relativa. Às vezes, as pessoas pensam que se fomos analisados por vinte anos, o inconsciente deveria estar exaurido, mas praticamente nunca está; existem sempre mais aspectos, como se ele possuísse a capacidade de continuar criando. Há sempre uma asa que se estende de novo para o desconhecido.

Um fato surpreendente é que, quando a moça está com os sete corvos, são oito ao todo, o número da totalidade; e na história dos seis cisnes, quando a moça se casa, são também oito. No fim de ambas as histórias temos oito pessoas. O simbolismo desse motivo é discutido por Jung em *Psicologia e Alquimia*,* em que a difícil passagem de três para quatro, ou de sete para oito, está relacionada com o problema da integração da quarta função, ou função inferior. Nesse ponto existe sempre uma grande dificuldade, a qual está relacionada com o fato de que o inconsciente não pode ser completamente integrado e a quarta função permanece sempre mais ou menos autônoma. Na realidade, isso é uma boa coisa, pois significa que o fluxo de vida prossegue e constela sempre novo material e novos problemas. O todo nunca é integrado e, supondo que pudesse sê-lo, isso significaria a petrificação do processo vital.

---

* *Collected Works*, vol. 12, §§ 201ss.

O motivo seguinte poderia ser chamado o motivo de Amor e Psiquê, que é extraído de *O Asno de Ouro*, uma novela do século II d.C., no fim da Antiguidade, escrita por Apuleio. É a história de um homem que estudou feitiçaria na Tessália e quis descobrir a bruxaria secreta praticada por sua anfitriã. Mas as coisas saem erradas e ele é transformado num asno, embora pudesse voltar à sua própria forma se comesse rosas. No fim da história, ele descobre um sacerdote carregando um ramo de rosas vermelhas, numa procissão de iniciados nos mistérios de Ísis e Osíris, e finalmente está apto a readquirir sua forma humana e a ser iniciado nesses mistérios. Durante o tempo em que foi asno, ele também foi usado como animal de carga por bandoleiros e teve de transportar cargas para eles. Os bandoleiros tinham raptado uma jovem num casamento e, enquanto os homens estavam comendo, uma velha contou à moça, que estava chorando copiosamente, a história que, com frequência, é publicada separadamente.

Erich Neumann, em *Amor e Psiquê*, interpretou esse conto pelo ângulo da psicologia feminina, mas, realmente, ele está mais relacionado com a *anima* do homem e com a psicologia da *anima*. Apuleio o escreveu como um conto popular, que inseriu em sua novela no lugar certo, pois essa história já existia muito antes de seu tempo. O fato interessante é que, nas mitologias germânica e nórdica, encontramos motivos paralelos muito independentes da nossa história, o que demonstra até que ponto esses motivos são difundidos.

Na versão da Antiguidade, uma princesa real, Psique, é seduzida pelo filho da deusa Vênus, o deus Eros, ou Amor, que vive com ela num palácio onde servos invisíveis trazem a comida. Ela nunca vê o marido; ele é invisível, mas dorme com ela à noite sem que Psique jamais saiba com quem está vivendo. Suas duas irmãs envenenam-na com suspeitas, dizendo-lhe que ela se casou com um dragão, que só faz amor com ela e a alimenta para no final devorá-la. A suspeita cresce e as diabólicas irmãs aconselham-na a apanhar uma candeia de óleo e uma faca, escondê-las, esperar pelo marido à noite e matar o dragão. Quando ela acende a candeia, vê o mais belo jovem alado, mas uma gota do óleo ardente da candeia cai nele. Eros desperta e diz que não queria que ela o conhecesse; para puni-la, sai voando e deixa-a sozinha. Psique, então, quer matar-se, mas decide procurá-lo e empreende uma longa busca.

Neste caso, não é a luz da candeia, mas o óleo ardente que torna o parceiro visível, ferindo-o, de modo que ele desaparece e se perde. Existe um conto alemão equivalente, "As três princesas negras", no qual o motivo de redenção é diferente. Um jovem vai a um castelo negro na floresta e encontra três princesas negras enterradas na terra até a cintura. Ele pergunta se pode redimi-las. Elas dizem que sim, mas desde que ele não fale durante um ano e não conte nada a ninguém sobre elas, nem o que está fazendo; porém, se divulgar o segredo, os irmãos das princesas o matarão. Ele cumpre sua promessa por algum tempo, mas, quando volta para casa, sua mãe insiste em perguntar-lhe por que não fala; ele fraqueja e conta-lhe. A mãe pensa que existe algo de muito misterioso em tudo isso e diz-lhe que ele deve apanhar uma vela da igreja e alguma água benta, e quando voltar ao castelo deverá acender a vela e borrifar a água. Ele assim faz e as princesas tornam-se brancas até a cintura e dizem-lhe que se ele tivesse cumprido sua promessa as teria redimido, mas agora ninguém poderia jamais fazê-lo e os irmãos delas o matariam. Ele arrisca-se e pula por uma janela; quebra uma perna, o castelo desaparece e ele fica inválido para o resto da vida. Nesse caso, é uma figura de *anima* que é destruída pela introdução da luz.

Outra variação aparece em "A cotovia que canta e voa alto", dos irmãos Grimm. Um rico negociante tem três filhas. Ele pergunta-lhes o que querem que lhes traga quando regressar de uma viagem. Uma pede pérolas; a segunda, diamantes; e a terceira diz que quer uma cotovia que cante e voe alto. O homem não consegue encontrar o que a filha caçula quer, até que, já no caminho de regresso à casa, vê uma cotovia numa árvore da floresta; mas ela é guardada por um leão, que lhe diz que só poderá ter o pássaro se ele, leão, puder se casar com a jovem. O leão assusta o homem a tal ponto que, quando chega à casa, conta tudo à filha, mas esta concorda e vive com o leão num castelo. Todas as noites ele despe sua pele e transforma-se num belo príncipe, mas, de dia, é um leão. Tempos depois, ela sente saudades de casa e quer ver as irmãs. O leão adverte-a, mas vai haver uma festa de noivado para uma das irmãs e ela insiste em que ele deveria acompanhá-la. O leão diz que se qualquer luz cair sobre ele será um desastre, de modo que a moça providencia para que ele fique fechado num quarto sem luz. Mas há uma fenda numa das paredes e uma réstia de luz filtra-se através dela e, quando cai sobre ele, o leão se transforma numa cotovia. Quando a moça vai ver o leão, encontra somente uma cotovia, que lhe diz ter de voar agora entre as cotovias durante sete anos, mas se ela quiser acompanhá-la pode fazê-lo, pois a cada sétimo passo ela deixará cair uma gota de sangue e uma pena branca. A moça tem de empreender, então, uma longa e penosa busca para encontrá-lo no fim do mundo, além do Mar Vermelho, onde há uma terrível floresta, e aí a redime.

Também neste conto a luz é que é destrutiva, mas há ainda as irmãs da moça. Em outras versões, o parceiro desaparece quando é chamado por seu nome animal, ou se alguma coisa a seu respeito é delatada às irmãs, mas quero concentrar-me nas versões que têm o motivo da luz. Esse motivo é deveras surpreendente, pois estamos habituados a pensar que a luz, em geral, é somente positiva. A luz é um símbolo para a consciência, nós somos iluminados, elucidados, e dizemos que se fez luz na consciência de alguém etc. Temos aqui uma espécie de união mística entre dois seres que se amam, união que é alimentada pelo mistério. É uma união que tem lugar à noite e não é tocada por qualquer luz projetada da consciência, mas, a partir do momento em que a luz incide sobre essa união, há separação, sofrimento e, talvez, até a destruição definitiva da possibilidade de redenção, como a invalidez do homem que deveria redimir as três princesas negras.

Isso aponta para a destrutividade da consciência, ou seja, que, para certos conteúdos do inconsciente, a luz da consciência não é positiva, mas destrutiva. Eis aí algo que todos os analistas e futuros analistas deveriam compreender em todas as suas implicações. É um motivo arquetípico, o que significa que é sumamente difundido e importante. A consciência é destrutiva e causa a separação dentro de certo domínio, que é claramente caracterizado como o domínio de Eros. É aí que a luz da consciência pode ter um efeito completamente destrutivo. Também temos a sensação de que, pelo modo como a luz desaparece, se a moça tivesse mantido o mistério e continuado com ele de maneira indefinida, então alguma redenção teria, em dado momento, ocorrido.

Naturalmente, a intrusão da luz tem a ver com o fato de que ela foi introduzida cedo demais. Alguns dos animais que desapareceram disseram isso e que, em consequência, o parceiro teria de realizar um longo esforço para reencontrar o outro, surgindo assim, uma vez, o motivo do *timing* certo. Nesse caso, o parceiro ou é um animal ou não é apenas um animal, mas um deus, e Psique, por exemplo, tem naturalmente a suspeita de que ele poderia ser um dragão, como as irmãs sugeriram. O que ela descobre é que está casada com a mais bela figura divina, o que é o típico, pois o divino e o animal estão muito próximos um do outro.

O divino está ou acima ou abaixo do nível humano; não faz diferença. Numa situação, o misterioso marido está acima do nível humano e, numa outra, o mistério é que ele está abaixo. Os alquimistas dizem que acima é abaixo, ou seja, o animal é idêntico ao principio divino. Esse mistério de estar acima ou abaixo do nível humano relaciona-se com o fato de ser sensível a ser visto à luz da consciência, pois isso pode destruir determinados elementos do que está acima ou abaixo e não reconhecidos em sua própria esfera. A luz da consciência contida na esfera das irmãs ou no domínio da mãe é que é destrutiva, pois elas são as mulheres negativas e ciumentas nas proximidades.

A luz destrutiva é aquela que provém do casamento de uma das irmãs, ou é projetada sobre o deus por sugestão de uma delas; ou, na história das princesas negras, a mãe do herói sugere que ele leve uma luz, e isso está relacionado com o perigo do ciúme ou de sentimentos malévolos. Não se trata de uma decisão do próprio herói, mas de uma que independe dele. Entretanto, no caso do leão-cotovia, não há decisão; a moça apenas sugere que ele deveria ir ao banquete nupcial, o que mostra um "impulso" errado por parte dela. Os que querem ser redimidos sempre se esquivam à luz, dado que ela tem um efeito destrutivo sobre conteúdos embrionários ou sobre os que se encontram num estado de transformação. Se mudarmos o lugar de uma planta e subitamente a colocarmos à luz do sol, ela murchará, tal como a luz do sol pode destruir-nos se nos expusermos excessivamente a ela, se ficarmos tempo demais sob ela. Em ambas as histórias, a luz é introduzida por razões negativas ou malévolas, pelo motivo errado.

Se nós a tomamos no nível psicológico, podemos dizer que nessa luz do reconhecimento existe a nuança de uma atitude "nada mais é senão". Faz uma enorme diferença se eu digo "isto é isto" ou se digo "nada mais é senão". Se algo está num processo de crescimento e digo "é *isto*", então ainda posso mudar; mas se disser "nada mais é senão", essa atitude limita e susta a transformação e a possibilidade de crescimento subsequente. Se o intelecto não diz: "Parece-me que é assim", mas é acompanhado pela sutil atitude psicológica que diz: "Eu sei que é exatamente isso e nada mais", então a nuança "nada mais é senão" introduz o que é diabólico ou luciferino e destrói tudo, especialmente a coisa em crescimento. O que já está petrificado deixa de ser importante. Se penso dessa maneira sobre uma estrada de ferro, isso não acarreta dano algum, mas se penso que sei tudo a respeito da vida das plantas e que isso é apenas este e aquele processo químico, então anulo qualquer possibilidade de dizer algo mais.

Todo o conteúdo da alma tem de reverter ao outro motivo da asa do cisne; todo esse conteúdo possui um aspecto que ainda não é reconhecido. O sistema filosófico com que tentamos interpretar o conteúdo do inconsciente está aberto a ainda mais, e esse é o modo como uma interpretação não terá um efeito destrutivo. Devemos ater-nos ao que é possível e, ao mesmo tempo, inferir que existe muito mais, de modo que haja espaço para o crescimento.

A luz da Igreja não teria destruído as princesas se não fossem as ordens malévolas da mãe do herói, o que significaria que o motivo com que ela foi usada era errado. A mãe era inteiramente hostil à sua futura noiva. Não foi por causa da própria água benta que a luz funcionou negativamente, mas porque a mãe introduziu um elemento negativo. A água benta e a luz de velas são usadas para exorcismos, de modo que, quando a mãe diz que ele deve levar água benta, ela está dando a entender que as princesas são malignas e "não são outra coisa senão" bruxas – ela introduz uma nuança que não está na própria história, dado que elas querem ficar brancas e não eram bruxas. Ao aspergir água benta sobre elas, o herói expressa o pensamento de que, provavelmente, elas "não são outra coisa senão" bruxas e desse modo destrói sua própria alma.

Tudo o que é malévolo ou profano resulta sempre em dar à coisa essa atitude "não é outra coisa senão". Em discussões intelectuais, existem pessoas que parecem querer ter a última palavra; há na sua argumentação uma espécie de ímpeto contundente que não é necessário numa formulação intelectual. Quando não é usado como instrumento, o intelecto torna-se autônomo e dinâmico, e podemos estar certos de que um homem com tal atitude é impelido por sua *anima*, caso contrário, discutiria de um modo calmo e desprendido. Pode existir certo aspecto suplementar que não foi ainda observado. Os cientistas do século XIX pretenderam sempre mostrar a verdade absoluta; tinham a ideia de que "agora nós sabemos" e não a espécie de atitude aberta dos cientistas modernos, que dizem: "O que observamos leva-nos a esta conclusão". Isso deixa a coisa aberta para quaisquer decisões que possam vir a ser tomadas mais adiante, pois existe sempre a ideia, não da verdade absoluta, mas apenas de uma verdade relativa.

Isso seria um exemplo da necessária mudança de atitude, para uma conscientização de que o intelecto é um instrumento com o qual podemos "iluminar" certos domínios, mas pelo qual também excluímos outros aspectos. Isso é verdadeiro, com toda a certeza, na interpretação de material psicológico: se o descrevermos de certo ângulo, poderemos dizer que ele parece lançar uma luz significativa quando examinado sob esse aspecto, mas existem milhares de coisas mais que poderiam ser descobertas.

De um modo geral, a arrogante atitude intelectual origina-se em motivos inconscientes, como prestígio ou vontade de poder ou mecanismos de defesa contra o medo. O intelecto deveria ser purificado de falsos motivos e sua qualidade instrumental não deveria ser esquecida. O fator instrumental deveria ser usado pela personalidade toda e não ser uma coisa autônoma, que é assimilada por motivos inconscientes de medo ou astúcia etc., pois tais motivos envenenam o instrumento de reflexão.

O caso das princesas negras descreve o motivo destrutivo da mãe. No caso do leão-cotovia, não podemos provar qualquer atitude psicológica, mas sabemos que as duas irmãs queriam joias, o que demonstrou uma atitude mundana e convencional em face da vida, e possivelmente isso relaciona-se com o fato de que a luz oriunda da festa nupcial destruiu algo no casamento da irmã caçula – o motivo mundano ou impulsivo incidiu sobre algo de caráter absolutamente místico. Isso projeta muita luz sobre a psicologia feminina, na qual é muito difícil separar o amor das motivações sociais, pois para uma mulher a situação de amor e o seu *status* social sempre estiveram historicamente combinados. No mundo islâmico, por exemplo, a mulher torna-se membro de um harém. O estado de casamento para uma mulher combina--se usualmente com seu prestígio e vida social, e esse prestígio envenena sempre a pura atitude sentimental.

Com a *anima* de um homem é diferente, na medida em que seu Eros é parcialmente dado à sua amada profissão, às ideias que ele ama, ou ao campo de experiência espiritual que ele vive, o qual introduz o motivo mundano. Muitos homens renunciaram à investigação em certos campos por não poderem fazer disso uma carreira; um homem derrota a experiência interior se coloca sua cognição espiritual mais a serviço de sua carreira, traindo, assim, seu instinto de verdade, dado que, então, as "joias" envenenam a atmosfera do casamento místico no íntimo de sua alma.

A situação nem sempre pode ser completamente destruída; na história das princesas negras, o homem é definitivamente mutilado, mas, em outras histórias, uma longa jornada tem de ser empreendida para reencontrar o ser amado. Isso acontece quando as pessoas sucumbem ao impulso de poder ou de prestígio e perdem sua unicidade consigo mesmas – até que a infelicidade e o mal-estar que sobrevêm as forcem a partir de novo em busca da alma. É, então, geralmente, um longo processo de busca e de renúncia às vantagens mundanas de que se desfrutava antes, a fim de redescobrir a totalidade interior; ou o parceiro pode ser redimido pelo sofrimento ou por um beijo dado na feia rã (a redenção mediante a superação da repulsa).

Quero agora abordar mais um motivo, que é o da decapitação. Em alguns contos de fadas existe um animal prestativo que vem em socorro do herói ou da heroína; ele dá-lhes conselhos, ou ajuda-os, ou antevê os perigos. Às vezes, um dos dois, o noivo ou a noiva, é convertido num animal que, no fim da história, pede para ser decapitado. Geralmente, aquele que deveria fazer isso recusa-se, dizendo que lhe deve muito, mas o animal insiste; ou há uma pausa, após a qual ele regressa e, finalmente, o herói decide--se, saca a espada e degola-o, surgindo, então, um ser humano que tinha sido transformado em animal por uma maldição.

A história dos irmãos Grimm, "O pássaro dourado", fala de um herói que tem de encontrar uma bela princesa; ele é ajudado por uma raposa que, no fim, lhe diz: "Deves cortar minha cabeça e minhas patas". O herói recusa-se, pois não pode ser tão ingrato para quem o ajudou, mas a raposa encontra-o de novo e volta a implorar-lhe que lhe decepe a cabeça e as patas; dessa vez o herói assim procede e aparece um belo príncipe, irmão da princesa e cunhado do herói, que, para recuperar a forma humana, tinha de ser degolado.

Depois, temos o conto alemão em que o rapaz encontra um castelo encantado e um cachorrinho preto que lhe pede para ser degolado e, quando isso ocorre, o castelo é redimido e o cachorrinho converte-se numa princesa.

Num outro conto dos irmãos Grimm, "A noiva branca e a noiva negra", uma feiticeira tem duas filhas, uma das quais é feiticeira como ela própria e a outra, uma enteada, é linda e bondosa. Há também um enteado por meio de quem sua irmã entra em contato com o rei, que quer casar com ela. Todos partem numa carruagem para a corte. Pelo caminho, a feiticeira-mãe insiste em que a enteada dê suas roupas à sua filha. Quando isso é feito, elas empurram a enteada para um rio; ela é transformada num pato, e é a filha-feiticeira quem se casa com o rei. De tempos em tempos, o pato entra na cozinha real e recita um pequeno poema que mostra o que lhe aconteceu. O moço da cozinha ouve e conta ao rei a respeito desse estranho pato. O rei vem vê-lo e, quando o pato aparece, corta-lhe a cabeça – e eis a bela princesa. Ela torna-se a rainha e a feiticeira e sua filha são castigadas.

Aqui, o animal tem de ser degolado. Estamos concentrando a nossa atenção no tema da decapitação, mas cortar a cabeça de um ser humano é um motivo muito difundido na alquimia, onde isso se relaciona com a separação entre o intelecto e o aspecto instintivo. Em *Mysterium Coniunctionis*, Jung fala do degolamento do dragão e dos etíopes, e interpreta isso como a separação entre o intelecto e o aspecto mais instintivo da psique.* Isso teria um duplo significado, ou seja, se separamos o intelecto dos impulsos instintivos resulta certo desprendimento mental ou objetividade, de modo que uma pessoa pode observar seu próprio material – impulsos e pensamentos – sem preconceitos. O intelecto separa-se da conexão inconsciente com o resto da personalidade e torna-se um fator puramente reflexivo e separado, como podemos observar na imaginação ativa, em que é requerido o desprendimento ligado à coragem. A pessoa tem de desligar-se do seu ego e olhar objetivamente.

---

* *Collected Works*, vol. 14, §§ 730ss.

Mas a decapitação também pode significar um *sacrificium intellectus*, uma renúncia ao desejo de compreender, a fim de permitir que outras formas diferentes de percepção tenham lugar. Se estou constantemente *pensando* acerca de uma relação, talvez iniba a possibilidade de uma percepção sentimental e, portanto, o intelecto tem, às vezes, que se desligar e permitir que venham à tona outras formas de vida. Para o mistério divino, e pessoa tem de renunciar ao desejo limitado de só compreender intelectualmente, e quando outras formas de percepção surgem na alma, o intelecto deve tomar um lugar secundário por algum tempo e ater-se ao seu próprio domínio de operação.

É diferente se degolamos um animal, porque num animal a cabeça seria relativamente a parte mais intelectual do corpo. Em geral, somos propensos a projetar a consciência e o pensamento na cabeça de um ser. Decapitar um animal significa separar sua inteligência do corpo, o que definitivamente confere à coisa toda um aspecto diferente da decapitação de um ser humano, pois significaria cortar esse elemento do impulso que consistia na maquinação arguta. Os animais não chegam ao ponto de construir um sistema filosófico, pelo menos ignoramos se o fazem, mas sabemos que a inteligência deles se evidencia como uma planificação engenhosa, ou como o uso de certas ações com um objetivo definido; ignoramos se isso é feito de maneira consciente ou inconsciente, mas podemos observar de fora que o animal comportou-se inteligentemente. Isso pode ser também observado nos impulsos animais de um ser humano. Na psicologia feminina, isso expressa-se nas maquinações ou intrigas – todas as maquinações semiconscientes a que uma mulher pode entregar-se, como, por exemplo, sentar-se numa conferência "por mero acaso" ao lado de um homem em quem está interessada, e assim por diante. Seu impulso instintivo não coincide com sua consciência do ego. Verificamos isso igualmente na sombra e na *anima* dos homens. Nossos impulsos possuem uma tendência para produzir ações planejadas visando à realização de seus objetivos, e tais impulsos perturbam a unicidade consciente da personalidade: a mão direita não sabe o que a mão esquerda faz, um elemento impuro foi introduzido.

Santo Tomás de Aquino fala da diferença entre *concupiscentia* e *cupiditas*, sendo a primeira apenas um impulso natural quando queremos alguma coisa – a parte carnal do homem que o impele. Mas, na cupidez, a ganância, a ambição ou alguma outra qualidade intelectual é adicionada, dando ao impulso um aspecto impuro, diabólico, introduzindo o elemento de planejamento e de maquinação. Podemos comparar o comportamento de um ser humano dominado por um impulso com o de um animal. O animal tem seus próprios ardis, seus estratagemas, ou outro impulso pode cruzar-se com o primeiro, e assim por diante. Mas, num ser humano, pode intervir algo combinado com certa dose de consciência, intensificando assim o impulso, pois foi introduzido algo que não pertencia ao impulso original e o domínio instintivo é envenenado e não funciona do modo correto. Cortando e separando o elemento que pertence à consciência humana, e deixando de lado o corpo do animal que é a matéria-prima do impulso instintivo, todo o problema pode ser integrado no nível humano.

Quero acrescentar uma palavra final. Provavelmente, o leitor deve ter notado que usei outro modo de pensar na interpretação de todos esses contos. Quando se tem de lidar com esse folclore simbólico, pode-se pensar de uma destas duas maneiras: podemos pensar sobre eles, ou podemos colocar-nos fora, acima ou junto do material, e refletir a respeito deles e ver se eles se ajustam. Você não pode fugir da primeira dessas maneiras, pois este é o modo tradicional de pensar aprendido na escola. Mas, quando se praticou a outra maneira por algum tempo, o pensamento se altera; não nos detemos para meditar sobre o material; o processo de pensar é algo como escutar o que o próprio símbolo tem a dizer. Então, o pensamento converte-se num instrumento que se presta à autoexpressão do material.

É a isso o que Jung chama de *pensamento simbólico*. É algo difícil de aprender e, quanto mais aprendemos à maneira escolar, mais difícil fica mudar para esse pensamento simbólico. Mas, por meio dele, dispomos de um instrumento inestimável para compreender a matéria-prima da psique e suas novas e ainda não conhecidas expressões, que temos de conhecer se quisermos lidar com o inconsciente. Eu encorajaria o leitor a realizar um esforço nessa direção, pois pode-se, assim, extrair de um material de outra forma ininteligível uma nova luz e riqueza de entendimento.